테니스 교본

저자약력

김갑선

전남대학교 사범대학 체육교육과 학사
전남대학교 대학원 체육학과 석 · 박사
현 목포대학교 생활과학예술체육대학 체육학과 교수

테니스 교본

인쇄 | 2018년 2월 20일
발행 | 2018년 2월 26일

저자 | 김갑선
발행인 | 정병석
발행처 | 전남대학교출판문화원
사진모델 | 임성호

등록 | 1981. 5. 21. 제53호
주소 | 61186 광주광역시 북구 용봉로 77
전화 | (062) 530-0571~2
영업부 | (062) 530-0573
팩스 | (062) 530-0579
홈페이지 | http://www.cnup.co.kr
이메일 | cnup0571@hanmail.net

값 15,000원

ISBN 978-89-6849-483-3 (93690)

본 저서는 2015학년도 목포대학교 교내연구과제 지원에 의하여 연구되었음

TENNIS

테니스 교본

김갑선 지음

전남대학교출판문화원

머리말

현대 테니스는 스핀과 스피드가 모두 갖추어진 볼을 쳐야 합니다. 그리고 선수들 대부분의 그립이 세미 웨스턴 그립 또는 웨스턴 그립이며 확~ 감아치는 듯이 보이는 와이퍼 스윙류의 스윙을 구사하고 있는 것을 볼 수 있습니다. 하지만 그 스윙 안에 담긴 요인들의 기초적인 부분을 간과하고, 보여지는 것만 받아드리려 하는 경향이 강합니다.

2018년 1월 호주오픈은 감동 그 자체였습니다. 국내에 테니스가 유입된 지 100여년이라는 세월 동안 그 누구도 이루어 내지 못한 그랜드슬램대회 4강이라는 신화를 한국의 정현 선수가 이루어냈기 때문입니다. 테니스를 즐기는 동호인들과 선수들, 더 나아가 대한민국 국민 모두에게 벅찬 감동을 선사했으며, 우리도 할 수 있다는 가능성을 보여 주었습니다.

모든 스포츠는 기본과 철칙이 있습니다.

테니스는 매우 어려운 운동 중의 하나입니다. 그래서 올바른 자세가 매우 중요합니다. 이론에 입각한 지침서 없이 기본기를 잘못 배우게 되면 자세를 교정하는 데는 더욱 더 많은 시간이 필요하고 기량의 향상 또한 기대하기 힘들 것입니다.

본 저자는 20여년 동안 많은 테니스 경기에 직접 참여하였고, 대학 강단에서 테니스를 강의하고 있습니다. 국가대표 출신 지도자의 도움으로 테니스의 주요 기법에 대한 자세를 이해하고, 알기 쉽게 단계적인 사진으로 표현하여 테니스를 처음 배우는 학생 뿐만 아니라 테니스를 즐기는 동호인들도 쉽게 이해할 수 있도록 하였습니다. 또한 원칙적인 기본에 충실하면서도 이를 실제 경기에 응용할 수 있는 다양한 내용들도 수록하고자 노력하였습니다. 이에 테니스 경기를 잘 하고자 하는 사람들의 기량향상에도 가장 좋은 지침서가 될 것이라고 확신합니다.

끝으로 본 교재가 잘 출판될 수 있도록 직접 촬영에 참여하여 테니스 기술을 시범보여 주시고 보조해 주신 임성호 지도자와 박현석 지도자, 영상 촬영을 담당해 주신 조영호선생님 그리고 밤 늦은 시간까지 함께 해준 가족들에게 깊은 감사를 드립니다.

2018년 2월

저자

CONTENTS

제1장. 테니스의 개요

1. 테니스의 유래와 발달

테니스가 언제 확실하게 시작되었는지에 관한 기록은 없으나, 많은 학자들이 테니스의 유래는 12~13세기 프랑스 귀족들과 성직자들 사이에서 행해진 '쥬 드 뽐므(Jeu de Paume)'라는 데 의견을 같이하고 있다. 13세기 무렵 프랑스에서는 '쥬 드 뽐므(Jeu de paume)'이라고 하는 공을 손바닥으로 쳐서 하는 게임이 왕실·성직자·귀족 사이에 유행하였다. 처음에는 머리카락을 뭉뚱그린 공을 맨손으로 치는 놀이였다. 16세기에 들어와서 라켓을 사용하였으며, 실내에서 하는 운동이던 '쥬 드 뽐므'는 16세기 말경 영국으로 건너가면서 실외의 잔디 위에서 행해지게 되었다. 영국으로 건너간 테니스는 점차 근대 테니스의 형태로 발전하기 시작했는데, 근대 테니스 경기는 1873년 영국의 월터 윙필드(Walter Wingfield) 소령이 실외 잔디 위에서 할 수 있는 스파이리스티크(Sphairistike)라고 불리는 경기를 소개하면서 시작되었다. 이것이 오늘날 론테니스의 원조라 할 수 있다.

한편, 1877년 헨리 존즈는 윔블던의 '올 잉글랜드 크로켓 클럽(All England Croquet Club)'에 이 경기를 소개하고 크로켓의 필드에 새로운 테니스 코트를 만들어, 크로켓과 테니스 양쪽을 즐길 수 있는 클럽으로 변화시켰다. 테니스의 인기가 점차 높아지자 올 잉글랜드 크로켓 클럽은 그 이름을 '올 잉글랜드 크로켓 및 론 테니스 클럽(All England Croquet and Lawn Tennis Club)'으로 바꾸고 1877년 테니스 챔피언쉽의 개최를 결정하였는데 이것이 바로 윔블던의 시작이었다. 이 대회는 현재 모든 테니스 선수권 대회 중 가장 권위있는 대회로 각광받고 있다. 또한, 론 테니스 경기는 1875년경에 버뮤다를 방문한 미국인 머리 아우터브리지(Mary Outerbrige)에 의해 미국에 소개되었다. 미국에서 테니스 경기가 유행하는 데는 수년의 세월이 걸렸지만, 세계 4대 메이저 대회 중 하나인 제1회 미국 선수권 대회가 1881년에 개최되었다. 후에 프랑스 선수권 대회와 오스트레일리아 선수권 대회가 추가되어 그랜드슬램으로 알려진 4대 메이저 테니스 선수권 대회가 완성되었다.

한편, 1900년에 열린 데이비스컵 경기는 처음에는 미국 남자팀과 영국 남자팀 사이에 행해지던 경기였으나 후에 전 세계 국가 간 경기로 확대되었다. 그리고 1963년부터는 여자 국가대항전인 페더레이션컵 대회가 개최되었다. 올림픽에서는 1896년 아테네 제1회 근대 올림픽대회부터 1924년 파리올림픽 때까지 정식 종목으로 채택되어 오다가 그 후 제외되었다. 그리고 1984년 LA올림픽에서 다시 시범종목으로 채택 되었고 1988년 서울올림픽에서 64년 만에 정식 종목으로 부활해 올림픽에서 남녀 단·복식 모두 4개의 금메달을 놓고 경쟁을 벌이게 되었다.

2. 우리나라 테니스의 역사

우리나라 테니스의 역사는 1908년 4월 18일 탁지부(현재 재경부) 관리들이 친목을 도모하기 위해 회동구락부를 조직한 뒤 미창동에서 테니스 코트를 마련해 경기를 시작한 것으로 거슬러 올라간다. 그러나 이것은 일본에서 들어온 연식 정구였으며, 테니스의 정식 경기는 약 20여년이나 지난 후에 열렸다. 1927년 9월 24일부터 25일까지 서울 용산의 철도국 코트에서 일본 오사카 매일신문사 경성지국 주최로 제1회 테니스 선수권대회가 열렸는데, 이것이 우리나라에서 열린 최초의 테니스 경기이다. 이후 해방이 되면서 1945년 10월 1일 조선테니스 협회가 발족되었고, 1946년 9월 25일 제1회 전국 테니스 선수권 대회가 열렸으며, 1953년 9월에는 대한체육회에 정식으로 가입하면서 대한테니스협회로 명칭을 바꾸어 현재에 이르고 있다.

한국테니스가 국제대회에 처음 참가한 것은 1953년 5월 일본 도쿄에서 거행된 제3회 아시안 게임이며, 아시안게임 테니스 첫 메달은 1966년 12월 제5회 태국 방콕 아시안 게임에서 여자복식 동메달이었다.

1970년대에 들어서면서 한국 테니스는 자주 국제대회에 출전함으로써 테니스 발전의 기틀을 마련하였는데, 1972년 이덕희 선수가 재팬 오픈에 출전해 단식에서 준우승을 차지했으며, 1974년 제7회 테헤란 아시안게임에서 양정순, 이덕희, 이순오, 최경미 선수가 여자 단체전 금메달, 여자 복식 은메달을 획득하였고, 1978년 제8회 태국 방콕 아시안 게임에서 양정순, 이덕희(단·복식 금메달) 등의 여자선수들이 단체전 은메달을 획득하며 한국 여자 테니스 이끌었다.

1980년대에는 1981년 아시아 테니스선수권 대회에서 김춘호 선수가 우승하였으며, 1982년 제9회 인도 뉴델리 아시안게임에서 신순호, 김춘호, 김남숙 등 남녀 선수들이 4개 종목에서 우승하였고, 1986년 제10회 서울 아시안 게임에서는 남자부 단체전 우승, 여자부 단체전 준우승, 그리고 유진선을 비롯한 김봉수, 신순호, 이정순, 김일순, 김수옥, 박양자 선수들이 입상하였다. 1990년대에는 1998년 제13회 태국 방콕 아시안 게임에서 남자부 단체전 우승, 남자단식에서 윤용일이 우승하며 금메달 2개와 은메달 3개를 획득하여 한국 테니스의 저력을 과시했다.

한편 이덕희 선수는 1972년 12월 호주오픈 1회전에서 호주의 팸 휘트크로스를 물리치며 한국인 최초의 그랜드슬램대회 출전과 첫승을 기록했으며, 1979년 미국으로 건너가 한국인 최초 프로선수로 등록하고 1980년 4대 그랜드슬램대회에 모두 출전하였으며, 1981년 US오픈에서는 프랑스오픈 우승자 루마니아의 버지니아 루치치를 격파하고 한국인 최초로 그랜드슬램대회 16강에 올랐었다. 그리고 1982년에는 WTA투어 미국 플로리다 포트마이어 대회에서 남아공의 이본 베어마크를 2-0으로 꺾고 한국인 최초 투어대회 우승이라는 업적을 달성했다.

이형택 선수는 2000년 US오픈 1회전에서 미국의 제프 타랑고를 물리치고 연이어 세계 11위인 아르헨티나의 프랑코 스퀼라리와 독일의 라이너 쉬틀러를 연파하여 그랜드슬램 남자 첫 승과 16강 진출을 이루어냈으며, 2003년 1월 ATP투어 아디다스 인터내셔널대회에서 세계 4위 페레로를 꺾고 우승함으로써 남자선수로서는 처음으로 ATP투어 대회 우승을 차지했다. 또한 2007년 US오픈에서 다시 16강에 진출하였고 그 해 세계 36위를 기록하였다.

2018년 1월에는 정현 선수가 한국인 최초로 그랜드슬램 대회인 호주 오픈(Australia Open) 4강에 진출하였고, 한국인 최고 기록인 세계 29위를 기록함으로써 100여년의 한국 테니스의 역사를 다시 써나가고 있으며 한국의 많은 꿈나무들에게 희망을 심어 주고 있다.

3. 세계 테니스 대회

1) 세계 4대 메이저 대회

세계 여러 나라에서 개최하는 국제적인 테니스 대회가 많이 있지만, 그 중에서도 가장 권위 있고 전통이 있는 대회인 오스트레일리아 오픈(호주 오픈), 프랑스 오픈, 윔블던 챔피언십, US 오픈을 세계 4대 메이저 대회(그랜드슬램)라고 한다. 1968년부터는 프로들도 참가하게 되어 세계의 톱 플레이어들이 실력을 겨루는 시합의 경연장이 되었다. 특히, 한 해에 이 4대 토너먼트에서 모두 우승을 하는 것을 '그랜드 슬램(grand slam)'이라 하며, 지금까지 그랜드 슬램을 차지한 선수는 남자의 경우 1938년 돈 버지(미국)와 1962년과 1969년 로드 레이버(호주) 2명이고, 여자의 경우 1953년 모린 코널리 브링커(미국), 1970년 마가렛 코트(호주), 1988년 슈테피 그라프(독일) 3명으로 남녀 통틀어 5명밖에 안 될 정도로 어렵고 험난한 과정이다. 특히, 로드 레이버는 1962·1969년 두 차례에 걸쳐 그랜드슬램을 달성했으며, 슈테피 그라프는 1988년 4대 그랜드슬램 대회와 서울 올림픽까지 재패함으로써 전무후무한 '골든 그랜드슬램'을 달성했다.

한편, 기간을 1년으로 한정하지 않고 통산 4대 메이저대회를 석권하는 것을 '커리어 그랜드 슬램'이라고 하는데, 커리어 그랜드슬램에 해당하는 남자선수는 프레드 페리(영국), 돈 버지(미국), 로드 레이버(호주), 로이 에머슨(호주), 앤드리 애거시(미국), 로저 페더러(스위스), 라파엘 나달(스페인), 노박 조코비치(세르비아) 8명이며, 여자선수는 모린 코널리 브링커(미국), 도리스 하트(미국), 셜리 프라이 어빈(미국), 마가렛 코트(호주), 빌리 진 킹(미국), 크리스 에버트

(미국), 마르티나 나브라틸로바(체코), 슈테피 그라프(독일), 세레나 윌리엄스(미국), 마리아 샤라포바(러시아) 10명이다.

그리고 4대 메이저 대회에서 로저 페더러(스위스)가 단식 20회 우승을 기록한 유일한 남자 선수이며, 여자 선수에는 마거릿 코트(호주) 24회, 세리나 윌리엄스(미국) 23회, 슈테피 그라프(독일) 22회 총 3명이 있다.

(1) 오스트레일리아 오픈(Australia Open)

호주오픈으로 잘 알려진 오스트레일리아 오픈(Australian Open)은 매년 1월 중순부터 2주간 개최되는 세계 4대 그랜드 슬램 테니스 대회 중 하나이다. 그랜드 슬램 대회 중에서 연중 가장 일찍 열리며, 대회 장소는 빅토리아 주 멜버른에 위치한 멜버른 파크이다. 1905년 1회 대회부터 1968년까지는 오스트레일리아 5개 도시와 뉴질랜드 2개 도시를 순회하며 잔디코트에서 진행되다가, 1969년부터 프로선수도 출전할 수 있는 오픈대회로 바꾸었고, 1972년부터는 멜버른에서 경기가 개최되었으며, 1988년부터 잔디코트에서 하드 코트로 코트 재질을 바꾸어 대회를 진행하고 있다. 메인 코트인 로드 레이버 아레나(Rod Laver Arena)와 하이센스 아레나(Hisense Arena)는 우천이나 폭염 등 기상상황에 따라 조절이 가능한 개폐식 지붕을 갖추고

출처: http://www.piecesofvictoria.com/2013/12/an-action-packed-australian-open-melbourne-itinerary/

그림 1-1. 호주 오픈 테니스 코트

있다. 한편, 오스트레일리아의 여름시즌 한 가운데에 열리는 탓에 지독한 폭염으로 악명이 높은 오스트레일리아 오픈은, 선수 보호를 위해 경기 중에 기온 및 습도가 위험한 수준까지 상승하는 경우 '폭염시 특별 규정(extreme heat policy)'을 적용한다. 2008년에는 코트 재질을 20년간 사용해온 리바운드 에이스에서 중간 정도의 바운드속도에 쿠션층을 갖춘 아크릴 재질의 플렉시쿠션으로 교체하였다.

호주 오픈 역대 최다 우승자는 남자선수의 경우 로이 에머슨(호주), 노박 조코비치(세르비아), 로저 페더러(스위스)가 6회 우승을 달성했으며, 여자선수의 경우 마가릿 코트(호주)가 11회 우승을 기록했다.

(2) 프랑스 오픈(French Open)

프랑스 오픈은 호주 오픈 다음으로 연중 두 번째 열리는 대회로, 프랑스 파리 교외의 로랑가로에서 5월 말부터 6월 초에 걸쳐 2주간 걸쳐 열리는 메이저 대회이다. 4대 그랜드슬램 중에서 앙투카코트에서 진행되며 세계에서 가장 권위있는 클레이코트 대회이다. 1891년 프랑스 선수들만 참가하는 국내대회로 제1회 대회가 개최되었으며, 1897년 여성 대회가 추가되었다. 1912년에는 잔디코트가 아닌 붉은 벽돌의 분말로 만들어진 붉은 클레이 재질로 표면을 덮은

출처: http://www.tennisticketnews.com/grand-slam-tournaments/french-open

그림 1-2. 프랑스 오픈 테니스 코트

새로운 형태의 코트를 도입하였다. 1925년 외국의 선수들에게도 참가할 수 있도록 자격을 확대하였으며, 1968년 아마추어와 프로 선수가 모두 출전할 수 있는 최초의 오픈대회가 되었다. 1981년부터 가장 훌륭한 스포츠맨쉽을 보여주는 선수에게 프리 오랑쥬상과 가장 인상적인 경기를 펼친 선수에게 수여되는 프리 시트롱상 그리고 한 해 동안 가장 놀라운 성적을 보여준 선수에게 수여되는 프리 부르종상을 만들었다. 2007년에는 모든 라운드에서 남녀 선수에게 동일한 상금을 지급하기로 결정했다. 이 대회는 코트 재질의 특성상 볼의 바운드 속도가 매우 느리고 높게 바운드 되고 또한 남자 단식의 경우 마지막 세트에서는 타이브레이크 없이 진행되기 때문에 테니스 대회 중 가장 강인한 체력을 요구하는 대회로 여겨진다.

한편, 프랑스 오픈 역대 최다 우승자는 남자선수의 경우 클레이의 제왕(The King of Clay)라고도 불리우는 라파엘 나달(스페인)로 총 10회의 우승하였으며, 여자선수의 경우 크리스 에버트(미국)가 단식 7회, 복식 2회 우승을 기록하였다.

(3) 윔블던 챔피언쉽(Wimbledon Championship)

세계 최고의 역사를 지닌 테니스 대회로, 1877년 제1회 대회 이래 두 번의 세계대전으로 인한 10년간의 공백을 제외하고 현재까지 매년 런던 교외 윔블던에서 매년 6월 마지막 주에서 7월 첫 주까지 개최되고 있다. 1877년 영국의 헨리존스(Henry Jones)가 윔블던의 크로켓 클럽에 테니스를 처음 소개하여 클럽 명칭에 '론 테니스'란 이름을 넣어 올 잉글랜드 크로켓과 론 테니스 클럽(All England Croquet and lawn tennis club)이라 개칭하고 제1회 대회가 개최 되었다. 1884년에 여성 선수권 대회가 개최되었고, 혼합복식과 여성복식 경기는 1913년에 개최되었다. 그리고 1968년 프로 선수들과 외국 선수들에게도 개방되어 오픈대회가 되었다. 코트는 천연잔디 코트(Lawn Court)로 17면이 있고, 센터 코트에는 로열 박스가 있으며, 우승자는 켄트 후작이 직접 우승컵을 수여한다.

한편, 윔블던 대회의 특징은 윔블던에 참가하는 모든 선수는 속옷을 포함하여 무조건 흰색 유니폼을 작용해야 한다. 이처럼 테니스 대회 중 유니폼 색상에 대해 규정을 둔 것은 윔블던이 유일하다.

윔블던 역대 최다 우승자는 남자선수의 경우 로저 페더러(스위스)로 8회 우승을 달성했으며, 여자선수의 경우 마르티나 나브라틸로바(미국)가 9회 우승을 기록했다. 또한 남녀 통틀어서 단식과 복식 등을 합한 최다 우승자는 빌리 진 킹으로 21회 우승이다.

출처: https://www.e-architect.co.uk/london/wimbledon-tennis-club

그림 1-3. 윔블던 챔피언십 테니스 코트

(4) US 오픈(U.S Open)

1881년 8월 전미선수권대회(US National Championship)로 창설한 권위 있는 오픈테니스경기대회로, USTA(United States Tennis Association: 미국테니스협회)가 주관하며, 1881년 로드아일랜드주 뉴포트카지노에서 남자 단식과 복식 경기만으로 제1회 대회를 개최하였다.

여자 단식은 1887년에 처음 개최되어 1889년에 공식적으로 추가되었고, 여자 복식은 1890년, 혼합 복식은 1892년에 처음 개최되었다. 1968년에는 총 10만 달러의 상금을 걸고 오픈대회로 바꾸었는데, 1968년부터 1974년까지는 뉴욕 폴레스 트레일즈의 웨스트 사이드 클럽의 잔디 코트에서 개최되었고, 1975년부터 1977년은 하츠루라는 클레이 코트에서 진행되었다. 1978년 이후에는 US 오픈 모든 경기가 뉴욕의 플러싱 메도우의 내셔널 테니스 센터 하드코트에서 매년 9월 개최하고 있다.

US오픈은 1967년 4대 메이저 대회 중 가장 늦게 그랜드슬램 대회로 인정받았으며, 1965년부터 US 오픈으로 개칭했다. 윔블던보다는 4년 늦게 시작됐지만, 1·2차 세계대전 기간 경기를 치르지 않은 윔블던보다 개최 횟수에서는 앞선다.

한편, US오픈은 남녀의 상금을 똑같은 액수로 정한 최초의 대회로 1973년 대회부터 남녀 상금 차별을 철폐했으며, 타이브레이크(Tiebreak) 방식을 최초로 도입(1970년 7월 25일)한 대회로, 현재 4대 그랜드슬램 대회 중 유일하게 마지막 세트에 타이브레이크를 적용하고 있다. US오픈을 제외한 나머지 대회는 마지막 세트에서 타이브레이크 대신 연속 2게임을 먼저 획득한 선수가 승리하는 방식으로 진행되고 있다.

또한 2006년에는 4대 그랜드슬램 대회 중 최초로 비디오 판독시스템인 호크아이를 도입하였다.

US오픈 역대 최다 우승자는 남자선수의 경우 지미코너스(미국), 피트 샘프라스(미국), 로저 페더러(스위스)로 5회 우승을 달성했으며, 여자선수의 경우 크리스 에버트(미국), 세리나 윌리엄스가 6회 우승을 기록했다.

출처: https://commons.wikimedia.org/wiki/File:Arthur_Ashe_Stadium_View.JPG

그림 1-4. US 오픈 테니스 코트

2) 세계 국가 대항전

(1) 데이비스컵 대회

데이비스컵 대회는 세계 최고 권위의 남자테니스 국가 대항 토너먼트로 국제테니스연맹(ITF: International Tennis Federation)에서 주관한다. 이 대회는 미국 테니스 대표선수였던 드와이트 필리 데이비스(Dwight P. Davis)가 국가대항을 제안하고 순은으로 된 우승컵을 기증하면서 1900년 미국과 영국의 국가대항 공식 시합으로 시작되었으며, 1904년 벨기에와 프랑스가 참가하였고, 1912년 국제테니스연맹이 창설되면서 연맹산하 소속이 되었다. 데이비스컵 대회의 각 대전은 3일에 걸쳐 2단식, 1복식, 2단식 순서의 5세트 노-타이브레이크(no-tiebreak)로 운영되는데, 본선과 예선으로 나누어 본선 16개국이 최종 데이비스컵을 놓고 우승 경쟁을 한다(월드그룹 토너먼트). 본선 최하위 4개국은 자동 탈락되며 예선을 거쳐 우승한 국가들이 다음해에 본선으로 진출한다. 따라서 본선에서 탈락한 4개국은 다시 지역별 토너먼트로 내려가야 한다. 본선을 치르는 16개국이 월드그룹이며, 나머지 국가들이 유럽-아프리카 지역 A/B, 아메리카 지역, 아시아-오세아니아 지역 등 4개 지역으로 나뉘어 예선전을 치르게 된다. 모든 예선과 본선의 개최지는 따로 없으며, 경기를 치르는 두 나라 중 어느 한 나라에서 경기가 열린다. 데이비스컵 대회는 매년 열리며 우승컵은 그해 우승국가가 1년간 보관한다. 현재 한국은 아시아-오세아니아 지역에 속해 있으며, 1960년부터 예선전에 출전하기 시작한 이후 매년 이 대회 예선전에 참가하고 있다. 2007년 9월에는 슬로바키아와의 원정 플레이오프 경기에서 승리하여 1978년 이후 20년 만에 2008년 대회 본선 16강(월드그룹)에 진출이라는 성과를 이루었다.

(2) 페더레이션컵 대회

페더레이션컵 대회는 1963년에 국제테니스연맹 50주년을 기념하기 위해 시작된 여자 테니스 국가대항전이다. 데이비스컵경기대회(Davis Cup Match)에 자극을 받아 오스트레일리아의 호프만 부인이 1963년 국제테니스연맹에 컵을 기증하여 여성만의 국제대회를 창설함으로써 페더레이션컵대회로 부르게 되었다. 다시 말하면 '페더레이션컵'은 '연맹배'인 셈이다. 여성만의 국가대항전인 이 시합은 1963년 영국 런던의 퀸스클럽에서 제1회 대회가 열린 이후 권위 있는 대회로 발전하였는데, 최근 80여 개국이 참가하는 가장 큰 여자 국가대항전으로 자리 잡았다. 경기방법은 하루에 1복식 2단식으로 지역 예선 없이 어느 나라나 참가하여 국가끼리 우열을 가린다. 또한 모든 참가국이 일정한 장소(개최지)에 모여 1주일 이내에 경기를 끝내도록 되어 있다. 참가국은 대회일정 관계로 32개국으로 제한되는데 만약 참가 신청국이 이보다 많으면 실력이 낮은 국가들끼리 예선전을 치러야 한다. 또한 1회전 패자팀들끼리 '플레이트(plate)'라는 패자 위안전을 벌이는 특징도 있다. 개최지는 각 나라가 돌아가며 정하고 해마다 열린다.

경기는 모두 3세트 노-타이브레이크(no-tiebreak)로 운영되며, 출전 선수는 1개국에 2명 이상 4명으로 편성되고 복식에는 단식 이외의 선수를 출전시켜도 무방하다. 참가국의 성적으로 상위그룹으로 격상되고 떨어지는 방식으로 최상위그룹은 월드그룹이라 한다. 월드 I 그룹에 8개국, 월드 II 그룹에 8개국이 있으며, 월드 I 그룹에서 승리한 팀은 월드그룹 2라운드에 진출하고 다음시즌에 1라운드 시드배정을 받는다. 월드 II 그룹에서 승리한 팀은 월드 I 그룹에서 패한 팀과 월드그룹 플레이오프에서 경기를 한다. 그리고 월드 II 그룹에서 패한 팀은 월드 II 그룹 플레이오프에서 예선통과 팀과 경기를 한다.

프로와 아마추어의 구별이 없고, 1976년 대회부터는 상금도 내놓고 있는데 스폰서는 일본전기공사(NEC)가 맡고 있다. 한국은 1973년에 처음으로 출전하기 시작하여 체코슬로바키아 프라하에서 개최된 1986년 대회에서 이집트를 3 : 0으로 누르고 13년 만에 본선 2회전까지 진출하였다.

3) 기타

세계 테니스 대회에는 국제테니스 연맹(ITF)이 주관하는 4대 메이저대회를 제외하면 남자테니스프로협회(ATP)와 여자 테니스프로협회(WTA)가 대부분 높은 등급의 투어대회 등을 주관하며, 국제테니스 연맹(ITF)은 낮은 등급의 퓨처스 대회나 서킷 대회 등을 운영하고 있다.

제2장. 테니스 규칙의 기본

1. 테니스의 경기방법

1) 테니스 경기방법과 콜 방법

테니스 경기는 단식(single game), 복식(doubles game), 혼합 복식(mixed doubles) 세 종류가 있으며, 단식은 1인 1조의 2명이, 복식은 2인 1조의 4명이, 혼합 복식은 남녀 각각 1인 1조의 4명이 겨루는 경기이다.

경기의 기본단계는 포인트(point), 게임(game), 세트(set), 매치(match)의 4가지로 구성된다. 포인트는 한 게임당 얻게 되는 점수를 의미하는데, 다음과 같으며 서버(server)의 스코어를 먼저 부른다.

0 포인트 - 러브(love: 0)
1 포인트 - 피프틴(fifteen: 15)
2 포인트 - 써티(thirty: 30)
3 포인트 - 포티(forty: 40)
4 포인트 - 게임(game)

경기 중에 공격이 성공하거나 실패하면 1 포인트를 얻거나 잃게 되는데, 4 포인트를 선취하면 1게임(game)을 이기게 된다.

양쪽 선수/팀이 다같이 3 포인트를 이기면 듀스(deuce)가 된다. 듀스가 되면 다음 포인트를 이기는 선수/팀에게 어드밴티지(advantage) 스코어가 주어진다. 그 선수/팀이 그 다음 포인트도 이기면 그 선수/팀이 그 게임을 이기게 되고, 만약 상대방 선수/팀이 그 포인트를 이기면 스코어는 다시 듀스가 된다. 듀스 후에 게임을 이기기 위해서는 2 포인트를 연속해서 이겨야 한다. 이렇게 총 6게임을 승리하면 한 세트의 승리하게 된다. 그러나 양쪽 선수/팀의 게임 스코어가 5 : 5일 때는 게임듀스가 되어 어느 한쪽 선수/팀이 2 게임을 연속해서 이겨야 7 : 5로 한 세트를 이기게 된다. 만약 게임 스코어가 6 : 6이 되면 타이브레이크(tiebreak system)에 의해 승자를 결정하게 된다.

매치(match)라는 것은 승패를 결정짓는 세트수를 말하며, 남자경기는 5세트 매치를 하여 먼저 3세트를 선취하면 승리하게 되며, 여자경기와 혼합복식 경기는 3세트 매치로서 2세트를 먼저 선취해야 승리하게 된다.

2) 7 포인트 타이브레이크(7 point match tiebreak)

7포인트 타이브레이크 게임은 현재 우리가 실제 테니스 게임에서 사용하고 있는 타이브레이크 시스템이다. 이 시스템은 경기 진행시간을 단축하기 위해 적용한 방법으로, 1970년 US 오픈 테니스대회에서 최초로 채용되었다.

타이브레이크 게임에서는 0(지로), 1(원), 2(투), 3(쓰리), 등으로 스코어를 한다. 게임 스코어가 6게임 올(6 : 6) 또는 8게임 올(8 : 8)이 되었을 때에 마지막 한 게임으로 승패를 결정하는 방법으로, 타이브레이크 게임의 첫번째 포인트 서브는 차례가 된 선수가 넣는다. 그 다음의 두번째 포인트는 상대방 선수가 넣는다(복식에서는 다음 서브를 넣을 차례가 된 선수). 이 후에는 각 선수/팀이 타이브레이크 게임이 끝날 때까지 2 포인트씩 번갈아 순서대로 서브를 넣어야 한다. 이때 양 선수/팀의 포인트를 합하여 6점이나 6의 배수가 되면 코트를 체인지해야 하며, 또한 타이브레이크 상황에서도 6 : 6일 때는 2 포인트 차이가 될 때까지 듀스를 계속한다. 이때 스코어는 7 : 6 또는 9 : 8로 기록한다.

타이브레이크 게임에서 첫 번째 서브를 한 선수/팀이 그 다음 세트의 첫 번째 게임에서는 리시버(receiver)가 된다.

3) 10 포인트 타이브레이크(10 point match tiebreak)

10 포인트 타이브레이크 게임은 우리에게 수퍼 타이브레이크(super tiebreak)라고 알려져 있으며, 7 포인트 매치 타이브레이크처럼 매치가 1 세트 올(1 : 1)이 되었을 때 또는 5 세트 경기 중 2세트 올(2 : 2)이 되었을 때 파이널 세트를 대신한다.

서브 순서는 타이브레이크가 마지막 세트에 이용될 때 원래의 서비스 순서로 계속한다. 하지만 복식 팀은 시작하기 전에 서버나 리시버를 바꿀 수 있다. 그리고 이 순서는 타이브레이크가 끝날 때까지 지속된다.

서브순서로는 서브를 넣어야 할 순서의 선수/팀이 타이브레이크의 1 포인트의 서브를 넣는다. 그 다음 2 포인트의 서브는 상대 선수/팀이 넣는다. 그리고 각각의 선수/팀은 타이브레이크가 끝날 때까지 번갈아 가며 2 포인트씩 서브를 한다.

이때 양 선수/팀의 포인트를 합하여 6점이나 6의 배수가 되면 코트를 체인지해야 하며, 만약 타이브레이크 매치가 10 : 10 동점이 되면, 상대 선수/팀에 대해 2 포인트를 리드를 할 때까지 계속 듀스를 해야 한다.

한편, 너무 강한 바람이 불거나 강한 햇빛과 같은 극한의 날씨 상황은 더 공정하다고 평가된 다음 대체안을 이용할 수 있다. 선수/팀이 1 포인트 서브 후 코트를 체인지하고 그 다음은 4 포인트 서브 후에 코트를 체인지 하는 것이다. 다시 말해, 양 선수/팀의 포인트 합이 1, 5, 9, 13 등등에서 코트 체인지를 한다(엔드 체인지(규칙 10) 참조).

4) 노애드 스코어링(no-ad scoring) 방법

경기 진행시간을 단축하기 위해 도입된 방법으로, 우리나라의 테니스 동호인 게임에서 보편적으로 시행되고 있다. 노 애드 게임에서는 다음과 같은 득점으로 서버의 점수를 먼저 부른다.

0 포인트 - 러브(love: 0)
1 포인트 - 피프틴(fifteen: 15)
2 포인트 - 써티(thirty: 30)
3 포인트 - 포티(forty: 40)
4 포인트 - 게임(game)

양 선수/팀이 각각 세 포인트씩 모두가 3포인트씩 따서 듀스가 되면 한 개의 디사이딩 포인트(deciding point)로 경기해야 한다. 이때 리시버는 오른쪽에서 리시브를 할지 왼쪽에서 리시브를 할지를 결정해야 한다. 복식의 리시브 팀은 디사이딩 포인트(노 애드 포인트)를 리시브 함에 있어 위치를 바꿔서는 안된다. 이 디사이딩 포인트를 따는 선수/팀이 그 게임의 승자가 된다.

혼합 복식에서는 서버와 동일한 성별의 선수가 노 애드 포인트를 리시브해야 한다. 리시브 팀은 노 애드 포인트 때, 리시브하는 위치를 바꿔서는 안 된다.

2. 테니스 경기의 주요규칙

테니스 경기의 주요규칙은 다음과 같다.

1) 첫 게임에서 엔드의 선택과 서버 또는 리시버가 되는 선택은 웜업을 시작하기 전에 토스(toss)에 의해 결정되어야 한다. 토스에서 이긴 선수/팀이 다음 중 하나를 선택한다.
- 매치의 첫 게임에 서버 또는 리시버가 되는 것, 이 경우 상대방은 매치의 첫 게임에 코트의 엔드를 선택해야 한다.
- 매치의 첫 게임에 코트의 엔드를 택하는 것, 이 경우 상대방은 매치의 첫 게임에 서버 또는 리시버가 되는 것을 선택해야 한다.

- 상대방이 위 두 사항 중 먼저 선택하도록 요구하는 것.

2) 선수들은 각 세트의 첫 게임, 셋째 게임 등등 치른 게임 수의 합이 매 홀수로 끝나는 게임 직후엔 엔드(코트)를 체인지 해야 한다.

3) 각 게임이 끝나면 그 다음 게임에선 리시버는 서버가 되고 서버는 리시버가 되어야 한다. 복식에서는, 각 세트의 첫 게임을 서브(serve)해야 하는 팀은 어느 선수가 서브할 건지를 결정해야 한다. 마찬가지로 두 번째 게임이 시작되기 전, 상대팀이 이번에는 누가 서브할 건지를 결정해야 한다. 첫 게임에서 서브한 선수의 파트너(partner)가 세 번째 게임에서 서브하고 두 번째 게임에서 서브한 선수의 파트너가 네 번째 게임에서 서브해야 한다. 이 순서를 그 세트가 끝날 때까지 계속해야 한다.

4) 서비스 모션 중에는 서버가 다음과 같이 하면 풋폴트가 된다.
   - 발을 약간 움직이는건 허용되지만, 걷거나 뛰어가는 자세
   - 어느 한 발이 베이스라인 또는 코트를 밟았을 때
   - 어느 한 발이 사이드라인의 가상연장선 바깥쪽으로 넘어갔을 때
   - 어느 한 발이 센터마크의 가상연장선을 넘어갔을 때

그림 2-1. 서브 동작에서 풋폴트

5) 서버는 리시버가 준비자세를 취할 때까지 서브하지 말아야 한다. 하지만 리시버는 서버의 합리적인 페이스(pace)에 맞춰 서버가 준비하는 합리적인 시간 안에 리시브할 준비를 취해야 한다. 서비스를 리턴할 자세의 리시버는 준비가 되어있는 걸로 간주되어야 한다.

6) 서비스는 다음과 같은 경우 레트(let)이다. 서비스 레트일 경우 그 서비스 자체는 계산되지 말아야 하고, 서버는 서브를 다시 넣어야 하며, 서비스 레트는 그 바로 이전의 서비스 폴트를 취소시키지 못한다.
- 서브된 볼이 네트, 스트랩 또는 밴드에 닿고 서비스코트에 바르게 들어갔을 경우
- 볼이 바닥에 떨어지기 전에 네트, 스트랩 또는 밴드에 닿고 리시버나 리시버의 파트너의 신체, 의복, 라켓 등에 닿은 경우
- 리시버가 준비되지 않은 상태에서 볼이 서브된 경우

7) 세컨드 서비스(second service)에 대해 레트인 경우를 제외한 모든 경우의 레트는 그 포인트 전체를 다시 해야 한다.

8) 플레이어의 실점인 경우는 다음과 같다.
- 두 개의 서비스가 연속해서 폴트 될 경우
- 인플레이 중 볼이 두 번 연속해서 바운드되기 전에 리턴하지 못하는 경우
- 인플레이 중 볼이 바닥에 바운드되기 전에 어떤 물체에 맞거나 코트 밖으로 떨어졌을 때
- 인플레이 중 볼이 바닥에 바운드되기 전에 퍼머넌트 픽스쳐에 맞았을 때
- 리시버가 서비스를 바운드되기 전에 리턴했을 때
- 인플레이 중 선수가 고의로 볼을 잡거나, 고의로 볼이 라켓에 두 번 이상 닿게 했을 때
- 인플레이 중 선수나 라켓이 선수의 손에 쥐어져 있든 아니든, 또는 선수가 입고 있는 옷이나 갖고 있는 어떠한 것이라도 네트, 네트포스트, 싱글스틱, 코드 또는 금속케이블, 스트랩 또는 밴드, 또는 상대방의 코트에 닿는 경우
- 볼이 네트를 넘어오기 전에 치는 경우
- 인플레이 중 볼이 선수에게 닿거나 라켓 외에 선수가 입고 있는 옷이나 갖고 있는 어떠한 것에라도 닿는 경우
- 인플레이 중 볼이 선수가 라켓을 잡고 있지 못한 라켓에 닿는 경우
- 인플레이 중 선수가 고의로 그리고 물질적으로 라켓의 모양을 변형시키는 경우
- 복식에서 리턴할 때 두 선수 모두가 볼을 쳤을 때

9) 다음과 같은 타구는 굿 리턴으로 유효하다.
- 볼이 네트, 네트포스트/싱스틱, 코드 또는 금속케이블, 스트랩 또는 밴드에 맞고 그것을 넘어서 상대코트에 들어가는 경우

- 볼이 코트 바닥에 제대로 맞고 스핀(spin)이나 바람으로 인해 네트 너머로 되돌아간 볼을 플레이어가 네트 너머로 뻗어 그 볼을 상대코트에 넣는 경우
- 네트 밖으로 타구된 경우로 그 볼이 네트 높이 보다 높거나 낮은 것은 관계없이 네트 포스트를 맞고 상대코트로 들어가는 경우
- 볼이 싱글스틱과 그 옆 네트포스트 사이의 네트 코드(net code) 아래를 통과 할 때 네트, 네트코드 또는 네트포스트에 닿지 않고 상대코트에 들어가는 경우
- 네트를 중심으로 볼을 자기 코트에서 치고 난 후 라켓이 네트를 넘어갔고 그 볼이 상대코트에 떨어지는 경우
- 선수가 인플레이 중 볼을 친 게 상대코트에 있던 다른 볼을 맞히는 경우

3. 볼 자국 판정

1) 직접 확인

클레이 코트에서는 직접 볼 마크를 확인할 수 있다.

〈 인 〉 〈 아웃 〉

그림 2-2. 클레이 코트에서 인, 아웃 판정

(1) 양 선수가 동의하는 볼마크를 찾을 것
(2) 볼 마크에 두 선수가 동의하는 경우에는 '인'인지 '아웃'인지 해당 볼 마크를 읽어줄 것
(3) 두 선수가 주장하는 볼 마크가 서로 다를 경우에는 어떤 종류의 샷을 어느 방향으로 쳤는지를 선수들에게 확인할 것.

만약에 이렇게 해서도 볼 마크를 찾을 수 없는 경우에는 '콜'을 한 선수의 콜을 인정한다.

2) 호크아이(챌린지) 시스템

호크아이 시스템은 시공간 내내 코트 위에서 볼의 이동과 테니스 라인을 추적하는 카메라 시스템이다. 호크아이의 오차는 평균 3.6mm 오차로, 표준직경 67mm 테니스 볼과 관련해서 보면 약 5%의 오차가 있다고 볼 수 있다.

2006년 3월 미국 마이애미에서 개최된 Nasdag-100 Open 테니스 투어대회에서 공식적으로 처음 사용되었고, 2006년 US Open에서 그랜드슬램대회로는 처음으로 사용했다. 그 후 2008년부터 모든 프로 테니스대회에 호크아이 시스템을 사용하는 챌린지를 규정하였다. 하지만, 프랑스 오픈은 챌린지 시스템을 사용하지 않는다. 왜냐하면 볼이 클레이코트 표면에 자국(mark)을 만들기 때문이다. 이와 같은 호크아이 시스템을 ITF 룰에 의하면 전자적 확인 시스템이라고 하는데, 이용하는 절차는 다음과 같다.

(1) 포인트의 마지막 타구가 끝난 시점 또는 선수/팀이 랠리 도중 볼을 중단시켜서 라인 콜 또는 콜 번복의 전자적 확인을 요청할 수 있다(이 때 리턴은 허용되나 선수가 즉각 타구를 중단해야 함).

(2) 주심은 라인 콜이나 번복의 정확성에 대해 의심스러울 때 전자적 확인 이용을 결정해야 한다. 하지만 주심이 볼 때 선수가 불합리한 요청을 하거나 시간적으로 제때에 요청하지 않는다고 판단되면 주심은 전자적 확인을 거절 할 수 있다.

(3) 복식경기에서 선수 또는 주심이 경기를 중단시키는 방법으로 선수의 이의 제기가 다뤄져야 한다. 주심에게 요청되면 주심은 그 이의제기가 적절한 절차로 요청되었는지를 먼저 판단해야 한다. 만약 그것이 적절치 못하거나 시간적으로 늦었다고 본다면, 주심은 상대팀이 고의적인 방해를 받았다고 판단할 수도 있으며 이 경우 그 이의를 제기한 팀이 실점 한다.

(4) 전자적 확인이 불가능할 경우엔 당초의 콜 또는 번복하여 바로 잡은 콜이 어떠한 이유에서든 항상 유지된다.

(5) 주심의 최종판정이 전자적 확인의 결과이며 이에 이의를 제기할 수 없다. 눈으로 직접 확인하는 것이 필요하다면 레퍼리가 승인한 심판이 리뷰 오피셜이 볼 임팩트(ball impact)가 어느 것인지를 결정해야 한다.

(6) 각각의 선수(팀)는 매세트당 3회의 리뷰기회가 허락되며, 타이브레이크시에 추가로 1회가 더 허용된다. 어드밴티지 세트로 진행되는 경우에는 게임 스코어 6 : 6인 경우 다시 처음부터 새로 3회의 리뷰기회가 허용된다(6 : 6, 12 : 12, 18 : 18, etc). 매치타이브레이크인 경우에는 매치타이브레이크동안 총 3회의 리뷰기회가 주어진다. 리뷰가 계속 성공적으로 인정되는 한에는 선수(팀)는 무한정 리뷰를 요청할 수 있다.

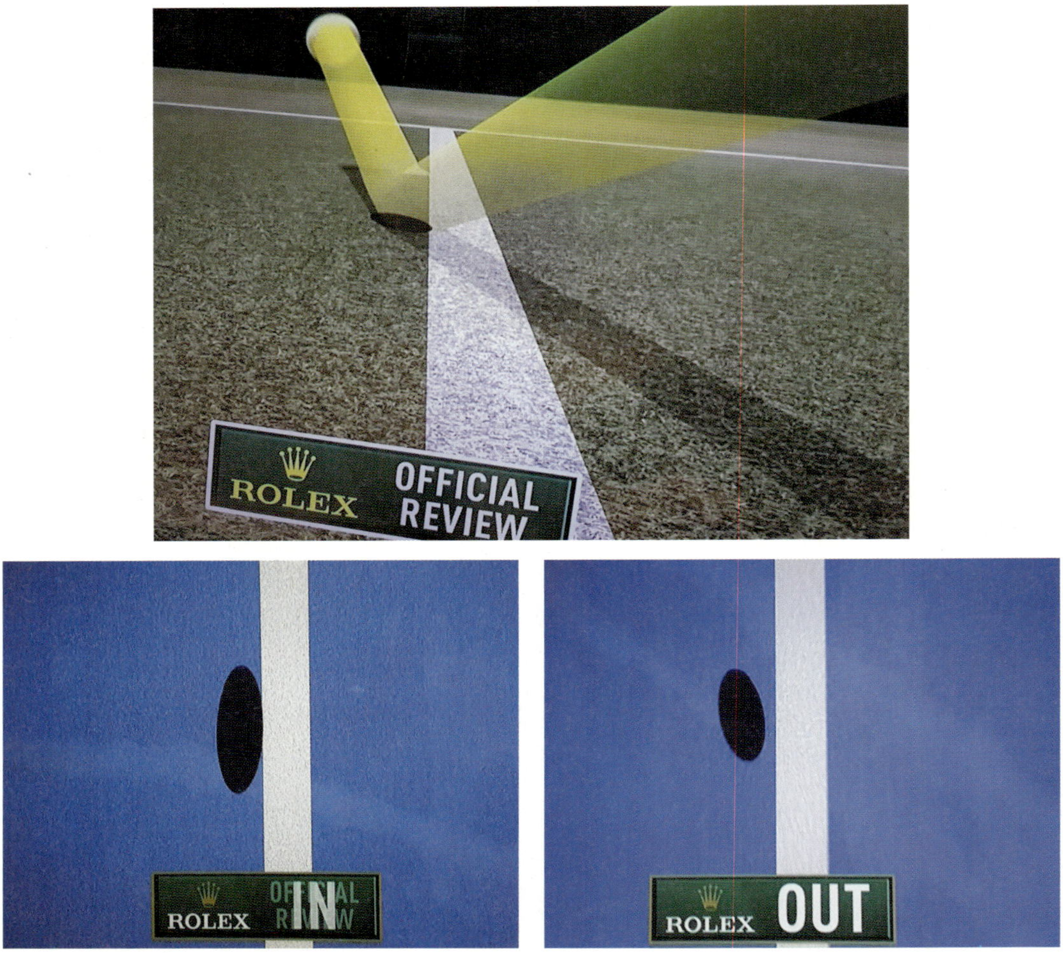

그림 2-3. 호크아이를 이용한 공식적 판정

4. 테니스 시드 배정 및 랭킹 산정

1) 시드 배정

시드란 대진표상 우선적인 자리를 받는 선수를 일컫는 용어로, 토너먼트로 치러지는 경기에서 우승후보가 탈락하거나 랭킹이 높은 선수들끼리 초반에 만나게 되면 흥행 뿐만 아니라 관중의 흥미를 감소시키기 때문에 이를 방지하기 위해 상위랭커들을 드로에서 분리시켜 놓는 역할을 하는 것이 시드다. 톱시드인 1번 시드는 대진표에서 볼 때, 가장 높은 곳(또는 왼쪽)에 출전한 선수 중 랭킹이 가장 높은 선수을 배정하고, 2번 시드는 제일 아래(또는 오른쪽)에 배정한다. 나머지 시드의 위치는 두 개씩 추첨해 첫 번째 추첨된 것은 대진표 상단(또는 왼쪽)에, 두 번째 추첨이 된 것은 대진표 하단(또는 왼쪽)의 순서로 배정된다. 일반적으로 시드는 드로수의 1/4로 16 드로는 4시드, 32 드로는 8시드, 64 드로는 16시드 등의 순서로 이루어지며, 그랜드슬램 대회는 2001년부터 16강 시드를 32강 시드로 늘려 시행해 왔었다. 그러나 2019년부터는 다시 16강 시드로 변화를 추구하고 있다. 이러한 변화는 테니스 팬들에게 보다 큰 관심과 흥미를 유발할 것으로 보인다.

2) 테니스 세계 랭킹 산정

세계 테니스 선수의 랭킹은 ITF(국제테니스연맹, http://www.itftennis.com)에서 주관하고, 남자 선수는 ATP(국제남자프로테니스연맹, http://www.atptour.com)에서, 여자 선수는 WTA(국제여자프로테니스연맹, http://www.wtatour.com)에서 랭킹을 산정한다. 이 두 기관이 매주 월요일마다 세계 랭킹을 발표하고 있다.

기본적으로 랭킹은 1년을 기준으로 산정되는 것이 원칙으로, ATP에서는 2000년부터 남자 선수의 랭킹을 ATP 엔트리시스템(Entry System)과 ATP 챔피언레이스(Champions Race)로 나누어 포인트를 합산, 랭킹을 결정하고 있다. 전자는 1년 동안의 랭킹을 종합한 엔트리(Entry) 랭킹이며, 그랜드 스램, 투어, 챌린저, 퓨처스 등 모든 대회의 참가 엔트리에 적용되는 랭킹이다. 그리고 후자는 매년 1월 1일부터 시작되는 랭킹으로 챔피언스 랭킹이라 부르며, 투어급 이상의 대회 성적만으로 집계 한다.

한편, WTA에서는 남자의 엔트리 랭킹과 같은 1년 간의 성적으로 랭킹을 산정하는 방식을 채택하고 있지만, 여자의 랭킹에서는 보너스 점수라는 제도가 있다. 즉, 보너스 점수는 자신이 이긴 선수의 랭킹에 따라 달라지는데, 랭킹이 높은 선수를 이기면 많은 보너스 점수를 받고 랭킹이 낮은 선수를 이기면 상대적으로 적은 보너스 점수를 받는 시스템이다.

5. 테니스 플레이 패턴의 원리

테니스 포인트는 연속적인 샷에 의해서 만들어지는데, 이처럼 샷을 연속적으로 반복했을 때 일련의 플레이 패턴을 가진 게임이 형성되게 된다.

1) 테니스는 에러게임이다.

테니스 경기에서 포인트의 85%는 실수의 결과로서 실점하며, 단지 포인트의 15%만이 위닝 샷에 의해 득점된다. 따라서 테니스 경기에서 승리하려면 상대방에게 어렵고 아슬아슬한 샷을 쳐야 한다. 엘리트 선수들 역시 샷의 정확한 위치, 파워, 속임수 등 때문에 에러를 범할 수 있다. 이러한 에러는 게임의 중요한 부분으로 샷의 선택폭이 좁거나 기술이 불완전 했을 때 많이 일어난다. 그러므로 자신의 에러를 줄이고 상대선수의 에러를 유도해 낼 수 있다면 승리하게 될 것이다.

2) 오픈 된 코트로 볼을 쳐라.

대부분의 샷을 상대방 코트 안으로 보낼 수 있을 정도로 테니스 기술이 발달되어 있다면 상대방으로부터 멀리 떨어지게 볼을 쳐야 한다. 왜냐하면 상대방이 한번에 모든 코트을 커버할 수는 없기 때문에 오픈 된 곳이 생길 것이다. 위닝샷을 위해서는 상대방의 리치에서 멀리 떨어지도록 볼을 쳐야 하며, 최소한 움직이며 볼을 칠 수 있도록 만들어 샷이 리턴되기 어렵게 해야 한다.

3) 상대방 뒤로 볼을 쳐라.

포인트를 따는 동안 강한 샷을 쳤는데 상대방이 샷을 예측하기 시작했다면 다음 샷은 상대방의 뒤쪽을 노리는 것이 좋다. 왜냐하면 이때 상대방은 오픈코트를 노릴 것으로 생각할 수 있기 때문이다. 이러한 전술은 사이드에서 사이드로 재빠르게 움직이는 플레이어에게 매우 효과적이다. 즉 여러분이 한쪽 사이드로 상대방을 움직이게 했을 때, 상대방은 넓게 오픈 된 코트를 커버하기 위해서 코트의 센터 쪽으로 되돌아 오기 때문이다.

4) 코트를 오픈시키기 위해 각이 크게 볼을 쳐라.

상대방에게 공격당하지 않기 위해서 상대의 백코트 깊숙이 그라운드 스트로크를 치는 것이 기본 전술일지라도, 위닝샷을 칠 수 있는 오픈코트나 상대방의 약점을 찾아내기 위해서는 코트의 사이드로 각이 크게 볼을 치는 것 또한 필요하다. 즉 베이스라인에서 드라이브를 걸어 크로스코트로 예리하게 볼을 침으로써 상대방이 사이드 라인 밖에서 리턴하도록 해야한다. 이렇게 함으로써 오픈 된 코트로 다음 볼을 칠 수 있다.

5) 상대방을 코트의 여기저기로 움직이게 만들어라.

여러분이 샷의 속도, 깊이, 위치, 회전 등을 다양하게 배합함으로써 매 포인트마다 상대방을 힘들게 만들어야 한다. 즉 상대방에게 오픈 된 코트의 여기저기를 커버하게 만든다면 상대방은 좌절하게 될 것이다. 코트의 여기저기로 상대방을 움직이게 한다는 것은 전후좌우로 많이 움직이게 하는 것을 말한다. 여러분이 포인트 경기를 시작할 때 깊숙한 베이스라인 샷이나 상대방을 전력으로 앞으로 뛰게 하는 드롭샷으로 시작하는 것 또한 효과적이다. 그러고 나면 여러분은 다음 샷을 코트의 사이드로 드라이브를 걸어 치거나 상대방 머리위로 로브를 칠 수 있다. 이렇게 몇 번 전후좌우로 달리게 만들면 상대방은 게임이 어렵다고 생각할 것이다.

6) 상대선수를 조종하라.

테니스의 많은 매력 중 하나는 상대방의 약점을 찾아내어 이용하는 것이다. 만약 상대방이 백핸드 수비가 약하다고 생각되면, 여러분은 백핸드 쪽으로 서브를 넣어 에러를 유도하고, 또한 공격할 수 있는 약한 샷이 되돌아 올 때까지 계속해서 백핸드 쪽으로 그라운드 스트로크를 해야 한다. 또 다른 매력은 상대방이 포인트를 따기 위해 가장 잘 이용하는 샷을 알아내어 그 샷을 완화시키는데 있다. 예를 들어, 상대방이 강하고 빠른 플랫서브를 잘 넣는다면 리턴을 준비할 수 있는 시간적 여유를 가지기 위해 베이스 라인에서 뒤로 몇 발짝 물러남으로써 받아낼 수 있다. 또한 높게 바운드되는 톱스핀 서브를 잘 넣는다면, 리턴시 드라이브나 칩샷 등으로 상대방의 발밑에서 튀어 오르게 함으로써 리턴을 어렵게 만들어야 한다.

7) 환경을 이용하라.

햇빛, 바람, 온도, 습도 등은 테니스 경기에 영향을 준다. 이런 환경에서 플레이 해본 경험은 매우 중요하기 때문에 어떤 날씨 상황에서든 연습이나 플레이를 해보아야 한다. 예를 들어, 바람이 등 뒤에서 불면 회전을 많이 걸어 톱스핀으로 볼을 쳐야 된다. 반대로, 바람이 앞쪽에서 불면 스트로크할 때 평상시보다 볼을 더 높고 더 멀리 치는 것이 좋고, 또한 로브나 드롭샷도 효과적일 수 있다. 만약 상대방이 햇빛을 마주보고 있다면, 포인트를 획득하는데 기회를 주는 로브를 사용하는 것도 매우 효과적이다.

6. 테니스 경기의 매너

테니스는 3세부터 90세 또는 그 이후까지 즐길 수 있는 게임으로 한번 잘 배운 스트로크는 평생 간다는 말처럼 연령에 관계없이 남녀노소 누구나 즐길 수 있는 평생 스포츠이며, 코트의 여기저기로 계속 움직이는 유산소 운동이다. 또한 테니스의 특성으로는 네트를 경계로 라켓을 사용하는 점, 위험이 적고 누구나 쉽게 배울 수 있다는 점, 예의가 중요시되는 점 등을 들 수 있는데, 이처럼 모든 스포츠 중에서 테니스만큼 매너와 예절이 중요시되는 운동도 없다. 서로를 마주보고 플레이를 하는 테니스의 특성 때문에 테니스에서는 유난히 상대방에 대한 배려와 예의를 중요하게 생각한다. 따라서 테니스라는 경기가 예의에서 시작해서 예의에서 끝난다는 말은 무엇보다도 상대방에 대한 예의를 갖추어야 하는 데서 비롯된 것이다.

경기를 시작하기 전에 네트 앞에서 서로 악수를 나누고 게임을 시작하고 게임이 끝나면 다시 네트 앞으로 와서 악수를 나누면서 상대방과의 경기가 즐거웠음을 얘기하고 상대방의 플레이를 칭찬하는 것이 올바른 테니스 예절이다. 아무리 기술과 실력이 훌륭하다 하더라도 매너가 갖추어지지 않았을 때는 상대방과 관중에게 불쾌감을 주기 때문에 항상 올바른 예절을 습관화 하도록 하여야 한다.

그림 2-4. 상대방 선수들과 인사〈좌〉 파트너와 하이파이브〈우〉

1) 테니스 코트에서의 매너

(1) 서로 상대방의 인격을 존중한다.

(2) 경기에 알맞은 복장과 용구를 준비한다. 즉, 요란한 복장이나 코트에 적절치 못한 신발 등을 착용하지 않는다.

(3) 단정한 복장을 갖추고, 상의를 벗거나 걷어 올려 신체를 노출시키지 않는다.

(4) 담배를 피우거나 껌을 씹으면서 코트에 들어가지 않는다.

(5) 시합이나 연습 전·후에 항상 상대방에게 악수와 인사를 건네며 서로를 격려하고, 복식인 경우에는 파트너에게도 감사를 표해야 한다.

(6) 윗사람과 시합할 때는 항상 먼저 코트에 나가 기다린다.

(7) 상대방이 준비되었는가를 먼저 확인하고 서브를 넣는다.

(8) 자기 주변에 떨어진 볼은 자신이 직접 줍는다.

(9) 상대방에게 볼을 건네 줄 때는 받을 준비가 되었는지 확인하고, 원 바운드로 최대한 받기 좋게 보낸다.

(10) 가까운 거리에서 상대방에게 고의적으로 볼을 세게 치지 않는다.

(11) 서브가 폴트인 경우 리턴을 하지 말고 볼을 가볍게 네트 앞에 보내거나 뒤 펜스쪽으로 밀어 놓는다.

(12) 서브가 폴트된 볼을 고의로 리턴했을 때는 상대방에게 미안함을 표시한다.

(13) 코트 사이드 체인지 할 때 윗사람, 상대방에게 먼저 길을 양보한다.

(14) 코트 체인지 시 땀을 닦거나 음료를 마시는 것은 좋으나 너무 시간을 오래 끌지 않는다.
(15) 게임 진행 중에 있는 옆 코트를 걸어서 통과하면 안 된다. 게임이 중단되기를 기다렸다가 될 수 있으면 베이스 라인 뒤쪽으로 돌아서 자기 코트로 가야 한다.
(16) 옆 코트로부터 자기 코트로 볼이 굴러들어 온 경우 아직 게임 시작 전이면 동작을 멈추고 옆 코트의 플레이어에게 빨리 집어 되돌려 주어야 한다.
(17) 코트에서는 너무 긴 이야기를 지속하지 말아야 한다. 이것은 상대방뿐만 아니라 옆 코트에 있는 플레이어에게도 방해가 될 수 있다.
(18) 셀프 카운팅에서 상대방이 친 볼이 인(in)인지 아웃(out)인지 두 번째 손가락으로 표시해줌으로써 상대방은 물론 관중에게도 스코어에 대해 오해를 주지 않아야 한다.
(19) 시합 중 관중이나 플레이어는 서브와 리시브를 하는 상대방에게 소리 내어 방해하지 않아야 한다.
(20) 시합 중 고의적으로 상대방의 집중력을 흐리는 언행은 삼가한다.
(21) 심판의 판정에 순종하며, 심판의 콜이 없는 한 게임을 계속 진행해야 한다. 그리고 셀프카운팅에서는 서로 상대방의 판정을 믿어야 하며 인(in)이나 아웃(out)을 확인하고자 절대로 네트를 넘어가서는 안된다.
(22) 심판의 실수에 대해 인과 아웃에 간섭하지 말고 결정 때까지 조용히 관망한다.
(23) 심판이 실수했을 경우 볼의 자국을 찾아 공손하게 확인을 요청한다.
(24) 네트를 넘어가거나 손과 발로 누르지 않는다.
(25) 플레이 중 자기감정을 노골적으로 표출하지 않는다(경기가 풀리지 않는 다고 발로 볼을 찬다거나 라켓을 던지거나 라켓을 파손하는 행위 등 금지).
(26) 상대방의 훌륭한 기술에는 아낌없이 칭찬과 박수를 보낸다.
(27) 상대방의 실수에 대해 야유하거나 박수갈채하지 않는다.
(28) 경련이 일어나거나 부상을 당했을 때는 룰(10분 이내: 메디컬 타임) 대로 상대방이 오래 기다리지 않도록 자신의 태도를 빨리 결정해야 한다.

2) 파트너에 대한 매너

(1) 파트너의 실수에 대하여 중얼거리거나 직접적인 충고는 피한다.
(2) 파트너의 경기력이 조금 못하다고 매사에 이래라 저래라 하지 않는다.
(3) 파트너의 주장이 내 생각과 조금 다를지라도 가급적 수용한다.
(4) 포인트를 놓쳤더라도 잘한 것은 칭찬을 아끼지 않는다.
(5) 나의 실수를 파트너에게 덤터기 씌우지 않는다.
(6) 나의 실수는 사과하고 게임에 열심히 임한다.

3) 관전 매너

관중은 경기를 관람하는 사람이다. 경기장에서 관중의 역할은 선수들의 멋진 샷에 박수를 보내고 선수들을 응원함으로써 선수들이 더욱 멋진 경기를 펼칠 수 있도록 분위기를 만들어 주는 것이다. 또한 테니스는 예민한 운동이기 때문에, 관중들은 선수들이 경기에 집중할 수 있도록 정숙을 유지해 주어야 한다. 플레이 도중의 큰 고함소리나 서비스를 넣으려는 순간에 잡음을 내는 것은 선수들의 시합에 크나큰 영향을 미친다. 특히 시합장에서 휴대폰이 요란하게 울리지 않도록 잠시 꺼 놓거나 진동모드로 바꾸어 선수들의 시합에 방해가 되지 않도록 해야 한다. 시합 중일 때 관중은 이동하기 위해 움직여서는 안되며, 코트 체인지할 때 이동하도록 한다.

최선을 다해 플레이를 펼치는 선수, 정확하게 판정하는 심판, 그러한 선수와 심판에게 박수와 함성으로서 응원하는 관중이 함께 하는 경기가 가장 멋진 경기장의 모습이 아닐까 한다.

제3장. 테니스의 시설 및 용구

1. 테니스의 시설

테니스의 중요한 특징 중 하나는 선수수준이든 동호인 수준이든 간에 모두 실내 및 실외의 다양한 표면위에서 플레이를 해야 한다는 것이다. 또한 라켓을 사용하여 볼을 타구하는 경기라는 것이다. 따라서 부적절하고 불량한 장비를 선택하게 되면 경기력 저하는 물론 신체의 부상을 일으킬 수도 있다. 시합을 위해 라켓 외의 많은 장비를 가지고 다닐 수는 없을 지라도 최상의 라켓, 볼, 스트링, 신발 등을 선택하는 것은 매우 중요하며, 플레이 하는데 필요한 장비에 대한 정보를 아는 것 역시 중요하다.

1) 코트의 종류 및 특성

(1) 클레이 코트

클레이 코트는 국내에서는 마사토, 유럽에서는 이판암(shale), 벽돌 등, 미국에서는 감섬석을 분쇄하여 만든 코트이다. 프랑스 오픈 코트로 유명한 앙투카는 불에 구운 벽돌을 모래처럼 분쇄하여 만든 코트로 약품 처리한 흙을 포설하여 배수시설이 매우 뛰어나다고 한다. 이외에도 클레이 코트에는 그린 클레이, 머룬 클레이, 옐로우 클레이, 그레이 클레이 등이 있다.

클레이 코트는 뛰어난 흡수력이 충격을 그대로 흡수하여 바운드 후 볼의 스피드가 감소하지만 하드코트나 잔디코트보다 볼이 높게 튀어 오르는 특징을 가지고 있다. 따라서 끈질긴 수비력과 스트로크를 보여주는 베이스라인 플레이어, 즉 베이스라인에서 치는 스타일의 선수들이 선호하는 코트다. 그러나 클레이 코트 단점은 평소에 세심한 관리를 하지 않으면 바닥이 쉽게 불규칙해져 플레이에 지장을 줄 수 있기 때문에 우천 후 바닥에 소금을 뿌려주고 롤러로 잘 밀어 주는 꾸준한 관리가 필요하다는 것이다.

(2) 하드코트

하드 코트는 콘크리트나 아스팔트로 기초를 만들고 그 위에 고무패드 층을 두고 아크릴계 수지를 도포하여 만든 코트로, 최근 세계적으로 점차 늘어나는 추세이다. 그랜드슬램 대회중 호주오픈과 US오픈이 대표적으로 하드코트에서 열리고 있다. 코트 관리가 클레이코트보다 쉬워 요즘 국내에서도 흔히 볼 수 있는 코트 중의 하나이며, 정기적인 표면 코팅으로 코트를 유지할 수 있기 때문에 유지관리 비용이 저렴하다. 한편, 코트 표면의 색에 대한 ITF 규정을 보면, 흰색, 노란색 혹은 다른 밝은 계열의 색을 제외하고 모두 허용된다고 한다.

이 코트의 특징은 단단한 표면 때문에 일반적으로 클레이코트보다 볼의 스피드가 빠르고 잔디코트 보다는 느리고 바운드가 일정해서 플레이 스타일에 관계없이 선수들 누구에게나 비교적 공평하다고 할 수 있으나, 바운드 후 볼의 스피드가 빨라 정교한 샷을 구사하며 공격적인 선수에게 유리하다고 할 수 있다.

한편, 코트 표면이 미끄러짐 현상이 거의 없고 테니스화 바닥과 표면에서 생기는 마찰이 커서 플레이어에게 고관절, 무릎, 발목의 뒤틀림과 같은 다리 부상을 일으키기 쉽기 때문에 많은 주의가 필요하다. 따라서 하드코트에서 부상을 당하지 않고 오랫동안 건강한 상태에서 경기를 즐기기 위해서는 평소 웨이트 트레이닝, 웜업, 쿨다운 등의 체력관리에도 많은 투자를 해야 한다.

(3) 잔디코트

잔디코트는 단단하게 다져진 토양위에 잔디를 심어 만들어진 코트로 윔블던은 잔디코트의 상징적인 존재다. 이 코트의 특징은 볼의 스피드와 회전이 크게 죽지않고 바운드 후에 미끄러지는 느낌으로 낮고 빠르게 밀려오기 때문에 상대적으로 볼의 타점이나 스피드를 맞추기가 어렵다고 한다. 따라서 하드코트와 같이 바운드 된 공의 스피드가 빨라 강서버들에게 유리하다고 할 수 있다. 통계분석에 따르면, 클레이 코트와 비교했을 때, 잔디코트에서는 서브를 넣는 선수가 득점확률이 훨씬 높았는데 그 이유는 코트표면에 바운드된 볼이 낮고 빠르게 튀어나가 리턴이 어렵고, 또한 잔디표면과 테니스화 사이의 접촉성질이 클레이코트와 달리 수비하는 선수의 움직임을 제한하기 때문이라고 한다.

한편, 잔디는 특성상 부드러운 표면 덕분에 모든 코트 중에서 플레이하는데 발과 신체에 부담이 덜 전해지는 가장 좋은 표면이지만, 잔디를 잘라주거나 코트를 관리하는 유지관리 비용이 비싸서 국내에서는 쉽게 볼 수 없는 코트이기도 하다.

(4) 실내코트

실내코트는 많은 표면 중 어떤 하나로 만들 수 있는데, 테니스 전용경기장의 경우는 하드, 인조잔디, 클레이 코트 등으로 대부분 이루어져 있다. 단, 대형대회를 임시로 개최하는 실내경기장에는 카페트 형태의 재질을 사용하는데 잔디코트 못지않게 볼의 스피드가 빠르다.

이런 실내코트의 특징은 실외코트에서 영향을 주는 바람, 햇빛, 그 밖의 다른 요소들이 없기 때문에 샷을 하기가 더욱 더 쉽고, 훨씬 빠른 속도로 진행된다는 것이다. 따라서 선수들은 볼을 강하게 치는데 초점을 맞추며 훨씬 더 공격적인 플레이를 한다고 한다.

2) 코트와 네트의 규격 및 명칭

코트와 네트의 규격 및 명칭은 다음 그림 3-1과 아래의 내용을 참조하면 된다.

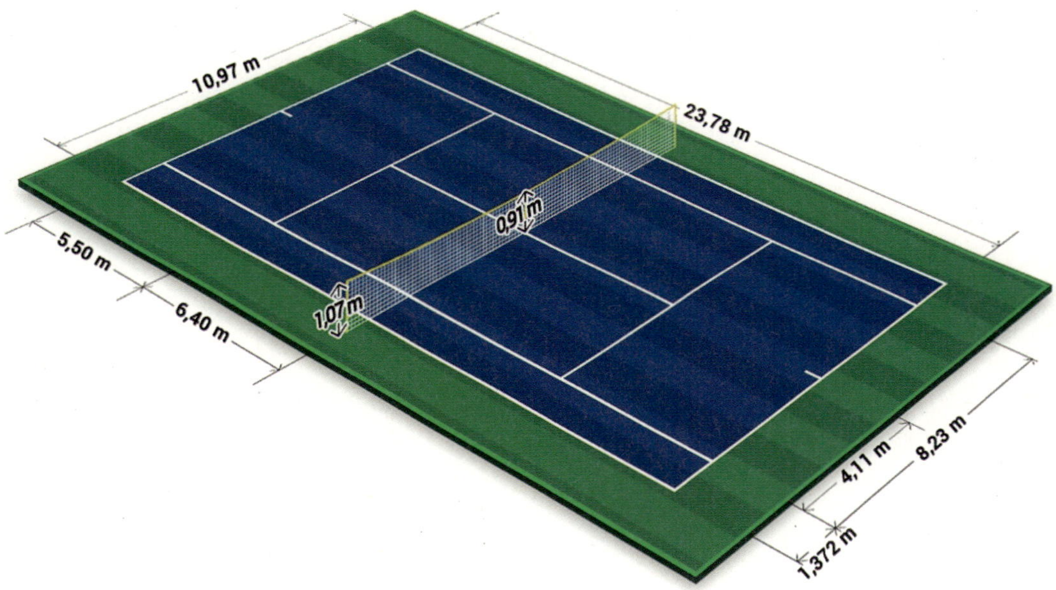

출처: https://commons.wikimedia.org/wiki/File:Tennis_Court_Dimensions.jpg

그림 3-1. 테니스 코트와 네트의 규격

(1) 코트는 직사각형이어야 하며, 사이드 라인 길이는 23.77m, 베이스 라인의 폭은 단식코트의 경우 8.23m, 복식코트의 경우 10.97m이다.

(2) 코트는 높이 1.07m 되는 두 개의 네트포스트(net posts) 위를 통과하거나 부착된 코드(cord) 또는 금속케이블(metal cable)에 매달린 네트(net)에 의해 반으로 나뉘어져야 한다.

(3) 네트의 높이는 가운데가 0.914m라야 하며, 스트랩(strap)으로 타이트(tight)하게 잡아줘야 한다.

(4) 네트포스트는 지름이 15cm 이하의 원형 또는 한 변이 15cm 이하인 정사각형이어야 하며, 싱글스틱은 지름이 7.5cm 또는 한 변이 7.5cm 이하인 정사각형이어야 한다. 또한 네트포스트 및 싱글스틱은 네트코드(net code)의 상부 위로 2.5cm를 초과해서는 안 된다.

(5) 네트로부터 양쪽으로 6.4m 되는 위치에 네트와 평행하게 양 옆 단식 사이드라인 사이를 그은 두 개의 라인은 서비스라인(service line)이라 부른다.

(6) 네트 양 쪽으로 서비스라인과 네트 사이를 센터서비스라인(center service line)에 의해 서비스코트(service court)를 둘로 똑같이 나누며, 센터서비스라인은 단식 사이드라인과 평행하게 두 서비스라인 사이에 그어져야 한다.

(7) 베이스라인은 길이 10cm인 센터마크(center mark)에 의해 둘로 나뉘어 져야 하며, 센터마크는 코트 안쪽으로 단식 사이드라인과 평행하게 그어져야 한다.

(8) 센터서비스라인과 센터마크의 폭은 5cm라야 한다. 그 외 다른 라인의 폭은 2.5cm~5cm로 하고, 다만 베이스라인의 폭은 10cm까지 해도 좋다.

(9) 코트의 모든 길이 측정은 라인의 바깥쪽을 기준하며, 코트의 모든 라인 색상은 바닥표면 색상과 확실하게 구별되는 한 가지 색상이어야 한다.

2. 용구

1) 볼

테니스 볼은 외부 표면이 고르게 펠트로 덮여 있어야 하며, 백색 또는 노란색이어야 한다. 그리고 볼에 접합선이 있을 경우 꿰멘 자국이 없어야 한다. 이런 테니스볼은 빠르기 정도에 따라 타입 1(속도빠름), 타입 2(속도중간), 타입 3(속도느림)와 고지대용(high altitude) 4가지로 나누어지며, 경기를 위해 공인된 볼은 국제테니스 연맹이 정한 다음 표 3-1과 같은 규격과 조건을 따라야 한다.

표 3-1. 테니스 볼의 규격과 조건

항목 \ 종류	타입 1(빠른 볼)	타입 2(중간 볼)	타입 3(느린 볼)	고지대용 볼
무게	56.0~59.4cm	56.0~59.4cm	56.0~59.4cm	56.0~59.4cm
직경	6.54~6.86cm	6.54~6.86cm	7.00~7.30cm	6.54~6.86cm
반발력 (바운드높이)	138~151cm	135~147cm	135~47cm	122~135cm
처음 변형량	0.56~0.74cm	0.56~0.74cm	0.56~0.74cm	0.56~0.74cm
회복 변형량	0.74~1.08cm	0.80~1.08cm	0.80~1.08cm	0.80~1.08cm
색	흰색 또는 노랑색	흰색 또는 노랑색	흰색 또는 노랑색	흰색 또는 노랑색

볼 타입 1은 느린 속도의 코트 표면에서 플레이 할 때 권장되며, 볼 타입 2는 중간정도 속도의 코트 표면에서 플레이 할 때 권장된다. 볼 타입 3은 빠른 속도의 코트 표면에서 플레이 할 때 권장되며, 고지대용 볼은 해발고도 4천피트(1219m) 이상의 코트에서 플레이 할 때 권장된다.

2) 라켓

테니스라는 스포츠가 발전하는 몇 세기 동안 라켓은 주로 나무를 사용해 만들어졌다. 그러나 1967년 윌슨사의 T-2000 등장으로 테니스 라켓의 소재를 목재에서 메탈로 전환시킨 획기적인 변화를 가져왔다. 경량의 스테인리스 스틸로 제작되었으며, 라켓의 헤드 부분 프레임 주위에 와이어를 감아 줄을 연결할 수 있도록 만들어져 전보다 더 가벼우면서 강력한 스윙이 가능했다. 테니스의 전설이라고 불리는 여자 선수인 빌리 진 킹(Billie Jean King)은 T-2000을 사용하여 1967년 그랜드 슬램에서 스틸 라켓으로 우승을 한 최초의 선수이다.

이처럼 테니스 라켓의 소재와 디자인은 끊임없이 변화하고 있다. 1968년에는 스틸보다 가벼우면서 유연성도 뛰어난 알루미늄 라켓이 등장했고, 그 후 1980년대에는 그라파이트를 사용하여 만든 라켓이 등장했는데, 그라파이트는 가벼운 무게에 비하여 강도가 높아 테니스인들에게 인기가 좋았다.

최근에는 티타늄, 리퀴드 메탈 등 신소재를 활용한 라켓들이 등장해 무게가 가벼울 뿐만 아니라 탄성력도 좋아 파워 및 컨트롤 능률도 모두 갖추고 있다. 앞으로 어떤 소재들이 새로운 테니스 혁신을 이루어낼지 또한 기대가 된다.

(1) 라켓의 규칙

테니스는 라켓으로 볼을 치는 경기이기 때문에 우선 라켓을 준비하지 않으면 안된다. 라켓은 여러 가지 형태로 변화해서 현재에 이르고 있으며 다음과 같은 규칙이 정해져 있다(ITF 룰 참조).

① 라켓의 타격표면은 평평해야 하며 십자로 교차된 스트링의 패턴이 균일하여야 한다. 또한 스트링의 교차된 지점에서 교대로 상호 엇갈리게 꼬이거나 묶여 있어야 한다. 스트링을 매고 난 형태가 전체적으로 균일해야 하며, 특히 중앙부분의 밀도가 다른 부분보다 낮아서는 안된다. 라켓의 디자인과 스트링이 이렇게 되어야 플레이의 특성이 양쪽면에서 동일하다. 라켓면에는 진동이나 스트링의 마모를 억제하기 위한 합리적인 크기의 부착물 이외는 아무것도 부착할 수 없다.

② 라켓프레임 크기는 핸들을 포함하여 길이 73.66cm(29인치), 너비 31.75cm(12.5인치)이하여야 한다. 타구면은 길이 39.37cm(15.5인치), 너비 29.21cm(11.5인치)이하여야 한다.

③ 프레임은 핸들을 포함하여 진동이나 마모를 막기 위한 또는 무게를 분산하기 위한 부착물 이외에는 아무것도 부착할 수 없다. 이러한 부착물은 그 목적에 부합되는 합리적인 크기와 위치에 부합되어야 한다.

④ 핸들을 포함한 프레임과 스트링에는 라켓의 모양을 바꿀 수 있거나 관성의 스윙 순간을 바꿀 수도 있는 라켓의 세로축방향 무게분산에 변화를 주거나 또는 경기 중 라켓의 작동에 영향을 주어 어떤 물리적 특성의 변화를 일으킬 수 있는 어떤 장치도 부착되어서는 안된다. 어떤 식으로든 라켓의 플레이 특성을 바꾸거나 영향을 미칠 수 있는 에너지원이 라켓에 장착 또는 부착되어서는 안된다.

출처: http://www.tenniscompanion.org/parts-of-a-tennis-racquet/

그림 3-2. 라켓의 명칭

(2) 라켓의 선택

라켓은 테니스 용구 중에서 가장 중요하므로 신중하게 선택해야 하며, 라켓을 선택할 때 무게, 라켓 길이, 헤드 사이즈, 프레임의 두께, 라켓 스트링 패턴, 밸런스, 라켓그립 사이즈, 프레임 상태 등을 고려해야 한다.

① 라켓의 무게

테니스 라켓의 무게는 라켓의 파워 및 조작성과 매우 밀접한 관계가 있으며, 두 가지 무게가 있다. 하나는 라켓 자체의 무게(라켓 웨이트)이고 또 하나는 라켓을 휘두를 때의 무게인 스윙 웨이트이다. 라켓 무게는 무거울수록 힘으로 쳤을 때 반발력이 좋다. 이것은 무거운 물체와 가벼운 물체가 충돌했을 때 가벼운 물체가 뒤로 더 많이 밀리는 원리와 같다. 반면에 라켓이 가벼우면 조작성이 좋아 순간적인 라켓의 움직임이 필요한 게임 상황에서 좋다.

한편, 스윙 웨이트는 라켓 무게와 일반적으로 비례하지만 무게중심이 어디에 있느냐에 따라 같은 무게라도 스윙할 때 다르게 느껴진다. 즉, 헤드 헤비는 헤드쪽이 무거우므로 스윙 웨이트가 무거우며, 반대로 헤드 라이트는 스윙 웨이트가 가볍다.

플레이 형태에 따라 힘있는 스트로크에 중점을 두는 플레이어는 무거운 라켓을, 네트플레이를 선호하는 플레이어는 조작하기 쉬운 경량라켓을 선택하는 것이 좋다.

요즈음에는 과거의 라켓과는 달리 최첨단 기술을 이용한 첨단소재 라켓의 등장으로 남성의 경우 스트링 무게를 빼고 보통 270~310g, 여성의 경우 250g~280g 정도의 라켓을 선호한다.

② 라켓의 길이

테니스 라켓에는 라켓의 길이가 27인치(68.6cm)인 스탠다드(standard)형과 27인치 보다 0.5인치 또는 1.0인치 긴 롱바디(longbody)형이 있다. 스탠다드형은 테니스의 각종 기술을 구사하는데 최적의 길이로 현재까지 가장 일반적으로 사용되고 있다.

롱바디형은 길이가 길어진 만큼 강한 파워를 낼 수 있고, 수비범위가 넓으며, 좀더 높은 높이에서 타구할 수 있기 때문에 서브확률이 높다. 반면에 회전반경이 커서 빠르게 조작하기가 어려우며, 몸의 정면으로 타구된 볼의 처리가 스탠다드 라켓에 비해 어렵다는 단점이 있다.

③ 헤드 사이즈

라켓을 선택할 때 무게와 더불어 중요한 요소 중의 하나로 작용하는 것이 헤드의 크기이다. 헤드 사이즈에 따라 크게 라켓면의 크기가 94 스퀘어인치(sq.in) 이하의 미드 사이즈(mid size), 95~105 스퀘어인치(sq.in)의 미드플러스(midplus size), 106 스퀘어인치(sq.in) 이상의 오버사이즈(over size) 라켓이 출시되고 있다. 미드 사이즈는 라켓은 크기가 작아 스윙 스피드가 빠르기 때문에 파워를 내기 편하고 정교한 컨트롤이 가능하며 조작하기 쉽다. 반면에 오버 사이즈는 헤드 사이즈가 크고 스윗스팟이 넓어서 볼을 맞추기 쉽고 플레이하기에 편하다. 또한 네트 플레이에 효과적이어서 여성이나 장년층, 초보자 등이 많이 사용하고 있지만 조작하기가 불편하고 스윙을 빠르고 강하게 할 수 없다. 미드플러스는 미드사이즈와 오버사이즈의 중간적 성격을 띤다고 할 수 있다.

④ 프레임 두께

라켓의 파워와 컨트롤 특성을 결정짓는 요소중의 하나는 라켓 프레임 두께이다. 일반적으로 라켓 프레임 두께가 20~22mm 정도의 라켓을 클래식 라켓, 그리고 프레임 두께가 30mm 정도 되는 라켓을 와이드바디 라켓이라고 한다.

클래식 라켓은 볼이 임팩트되었을 때, 라켓 몸체의 휘는 정도가 커서 정교한 플레이가 가능하기 때문에, 자신의 파워로 볼을 컨트롤할 수 있는 플레이어에게 적당하다. 반면에, 와이드바디 라켓은 고반발성의 라켓으로 볼을 가볍게 타구해도 쉽게 네트를 넘길 수 있어 편안하게 플레이 가능해 여성이나 장년층 등에게 적합하다.

⑤ 라켓의 스트링 패턴

스트링 패턴은 라켓에 매어지는 가로줄과 세로줄의 개수 또는 간격이다. 라켓에 매어져 있는 스트링은 가로와 세로줄로 구성되어 있는데, 세로로 매어진 줄을 메인 스트링, 메인 스트링에 직각방향으로 가로로 매어진 줄을 크로스 스트링이라 한다.

볼이 임팩트 될 때 받는 하중의 많은 부분을 메인 스트링인 세로줄이 담당하며, 톱스핀이나 드라이브 경우에는 더욱 그렇다. 그리고 크로스 스트링은 메인 스트링을 보조하는데, 크로스 스트링이 얇을수록 마찰력이 작아지면서 메인스트링의 운동을 원활하게 해준다. 한편, 테니스 경기 중 스트링의 손상빈도는 세로줄이 끊어지는 경우가 거의 95% 이상이다. 따라서 세로줄의 스트링 패턴이 라켓의 특성을 결정한다고 할 수 있다. 예를 들어, 16×19, 18×20의 라켓이 있을 때, 앞쪽 숫자가 메인 스트링, 뒤쪽 숫자가 크로스 스트링이다. 그리고 세로줄이 16개이면 오픈 패턴이고 18개이면 덴스 패턴이라고 한다.

오픈 스트링 패턴은 줄의 개수가 적고 간격이 넓기 때문에 타구감이 부드럽고 반발력이 좋으며 또한 동일한 스윙에 대해서 스핀 양을 증가시키는 경향이 있다. 따라서 파워와 드라이브 위주의 스트로크에 비중을 두는 플레이어에게 좋다. 하지만 플레이 하는 도중에 줄 간격이 잘 벌어지고 움직이기 때문에 스트링의 내구성이 덴스 패턴에 비해 짧다.

덴스 스트링 패턴은 줄의 개수가 많고 줄의 간격이 촘촘하여 타구감이 딱딱하지만 타구면이 안정적이기 때문에 컨트롤하기 쉽다. 따라서 안정적이고 컨트롤이 중시되는 발리와 서브를 주로 구사하는 플레이어에게 좋다. 그러나 스트링의 반발력이 떨어진 만큼 오픈 패턴에 비해 엘보 부상이 일어나기 쉬우며, 또한 스핀 효과를 보기 어렵다.

표 3-2. 오픈패턴과 덴스패턴의 장단점

종류	줄 수	장 점	단 점
오픈패턴	세로줄 16 가로줄 19	• 타구감 부드럽고 반발력이 좋아 파워 증가 • 동일한 스윙에 대해서 스핀 양을 증가	• 줄 간격이 잘 벌어짐 • 스트링의 내구성 약함
덴스팬턴	세로줄 18 가로줄 20	• 줄의 간격이 촘촘하여 타구면이 안정적 컨트롤 좋음 • 스트링의 내구성이 좋음	• 반발력이 약해 엘보 부상 증가 • 스핀이 어려움

⑥ 라켓의 밸런스

테니스라켓은 자신에게 맞는 무게를 선택하는 것도 좋지만 라켓의 무게 중심을 구분해서 선택하는 것이 좋다. 라켓의 밸런스를 무게중심이라고 하는데 라켓의 무게와 더불어 라켓의 특성을 결정하는데 매우 중요한 요소이다. 무게중심의 위치가 어디에 있느냐에 따라 무게중심이 헤드쪽에 치우쳐 있으면 헤드헤비(head heavy; HH), 라켓의 중앙에 있으면 이븐밸런스(even balance; EB), 그립쪽에 있으면 헤드라이트(head light: HL)로 나눌 수 있다. 라켓 목부분 삼각모양의 구멍부분에 손가락 하나를 대고 균형을 잡아보면 대략적으로 알 수 있다.

헤드헤비형은 스윙모멘트가 커서 파워를 낼 수 있어 스윙 스타일이 느리고 컴팩트하며 팔힘이 부족한 플레이어에게 좋고, 헤드라이트형은 조작성이 우수하여 컨트롤이 좋아 스윙이 크고 빠른 플레이어가 사용하기 좋으며, 이븐밸런스는 파워와 조작성의 절충형으로 올라운드 플레이어에게 좋다.

라켓의 프레임에 표시된 라켓 밸런스를 보면 mm 혹은 pts라고 쓰여 있는데, 바로 이것이 밸런스를 나타내는 단위이다.

mm로 나타낸 것은 그립 끝부분에서 무게중심까지의 거리를 나타내는데, 대부분의 라켓 길이인 27인치(68.58cm) 라켓의 경우 중간점인 343mm(13.5인치)에 무게중심이 있다는 뜻으로 어느 쪽으로 기울어지느냐에 따라 헤드라이트와 헤드헤비가 결정된다.

또한 pts는 라켓의 중앙으로부터 거리를 나타내는데, 예를 들어, 10pts HH로 표기되어 있는 라켓은 무게중심이 라켓의 중앙으로부터 3.175cm 헤드쪽으로 쏠려있다는 것이다.

⑦ 라켓그립의 적당한 사이즈

올바른 그립 사이즈를 결정하는 가장 좋은 방법은 타구에 사용하는 손으로 라켓을 편안하게 잡는 것이다. 라켓의 손잡이를 잡았을 때, 잡은 손의 손가락들과 손바닥 힐 패드사이에 라켓을 잡지 않은 손의 집게 손가락을 편하게 놓을 수 있다면 알맞은 그립이다. 손가락과 손바닥 부분이 맞닿는다면 그립이 너무 작아 테니스 엘보를 일으키는 주요 원인 중 하나가 된다.

그립이 감아져 있을 때 라켓 그립의 사이즈는 그립 둘레의 치수로 측정되며, 가장 흔히 생산되는 이용 가능한 그립 사이즈는 다음 표 3-3에 유럽의 사이즈와 함께 나타나 있다.

표 3-3. 테니스 그립 사이즈

그립 사이즈(inch)	유럽 그립 사이즈	둘레(mm)
4	L0	100 - 102
4 1/8	L1	103 - 105
4 1/4	L2	106 - 108
4 3/8	L3	109 - 111
4 1/2	L4	112 - 114
4 5/8	L5	115 - 117

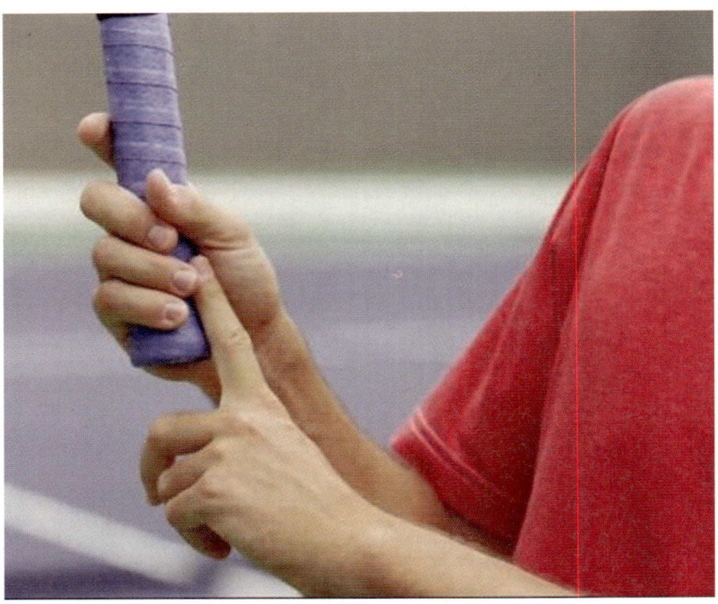

출처: https://www.tenniswarehouse.com.au/racquets/grip-size.html

그림 3-3. 라켓의 그립사이즈 측정 방법

⑧ 라켓 프레임 상태

텐션과 관련된 내구성 문제는 프레임의 상태이다. 오래되고 낡은 프레임은 대부분 너무 피로화되어 스트링 과정 동안 주어진 텐션을 유지할 수 없다.

라켓과 볼이 마주치는 순간 발생한 충격은 생각이상으로 크고 한 경기를 하는 동안 라켓은 수만번 이상 휘어짐을 반복한다. 이 현상이 계속되면 프레임 자체의 피로도가 높아져 반발력 저하가 시작된다. 즉, 라켓 소재들도 오랫동안 충격이나 큰 힘을 받으면 피로가 쌓여 본래의 탄력성과 강도를 잃는다. 또한 프레임의 피로는 플레이를 하지 않아도 계속 누적된다. 즉 매어져 있는 스트링이 계속해서 큰 힘을 가하기 때문이다.

따라서 일률적으로 기준을 적용할 수는 없고, 플레이 회수와 스타일에 따라 교체주기가 달라질 수 있지만, 일반적으로 라켓의 교체 주기는 평균 2년으로 보는 것이 좋다.

한편, 줄을 맨 적이 없는 새 프레임은 그로맷(grommet)이 적용된 텐션에 의해 조정된 적이 없기 때문에 처음 스트링을 매면 줄이 더 느슨해지는 경향이 있다. 따라서 많은 프로 선수들은 새 라켓에 기준보다 2-4파운드 더 단단하게 줄을 매도록 요구한다고 한다.

(3) 스트링

볼과 직접적으로 접촉하는 스트링은 테니스 경기력 향상에 매우 중요한 역할을 한다. 다시 말해, 테니스는 플레이어의 적절한 스핀능력이 요구되기 때문에 어떤 스트링을 사용하는가에 따라 타구감이 달라질 수 있다. 따라서 자신의 플레이 스타일에 맞는 스트링의 소재, 텐션, 두께 등을 잘 고려해서 선택해야 할 만큼 예민하고 중요한 요소이다.

한편, 라켓과 접촉하는 테니스 볼이 생산하는 에너지는 다음 3가지 요인에 의해 영향을 받는다고 한다.

첫째, 에너지의 60%는 라켓에 매어진 스트링으로부터 나온다.
둘째, 에너지의 30%는 볼로부터 나온다.
셋째, 생산된 에너지의 10%는 플레이어 자신과 라켓 프레임으로부터 나온다.

이러한 결과는 볼과 직접 접촉하는 스트링이 얼마나 중요한지를 암시한다고 할 수 있다.

① 스트링의 재질

스트링에는 재질에 따라 크게 천연 거트와 합성 소재 스트링으로 나누어진다. 천연 거트(natural gut)는 최근에는 높은 등급의 소 내장 즉, 대장 부분만 사용하여 만들어지며, 섬세한 수작업 과정으로 시작에서 끝날때까지 약 3개월이 소요된다. 합성 소재 스트링(synthetic string)

은 재질과 제작 방법에 따라 케블라(Kevlar), 멀티플라멘트(Multifilament), 나일론(Nylon), 폴리에스터(Polyester), 인조 거트(Synthetic Gut) 럭실론(Luxilon) 등 다양한 종류가 있다.

천연 거트는 인조 스트링보다 훨씬 좋은 텐션을 유지하고 충격과 진동을 훨씬 더 잘 흡수하며, 실제 스트링 면에 머무르는 볼의 시간이 합성 스트링보다 더 길어 선수들은 훨씬 더 좋은 타구감을 경험한다. 또한, 내구성이 매우 좋아 합성 스트링보다 더 오랫동안 플레이가 가능하다. 합성 스트링은 스트링 후 24시간 안에 최초 텐션의 평균 15-18%가 줄어드는 반면에 천연 거트는 단지 평균 5-8% 감소한다고 한다. 하지만 합성 스트링은 가격이 비싼 천연 거트보다는 탄성이 약하지만 가격 및 종류가 다양해서 선택할 수 있는 폭이 넓다는 장점이 있다.

② 텐션(스트링을 매는 강도)

텐션은 메인스트링과 크로스스트링의 팽팽함 정도로 파운드(lb)로 표시하며, 스트링 맬 때 스트링 머신에 정해 놓은 수치라고 할 수 있다. 스트링 머신의 텐션을 기준텐션(reference tension)이라 하고, 스트링 작업이 끝난 후 라켓에 매어진 스트링텐션을 실제텐션이라 한다. 스트링을 맨 후 라켓 스트링의 실제텐션은 기준텐션의 5~25%까지 낮아질 수 있다는 것이다. 대부분의 라켓에는 권장텐션이 있으므로 플레이어는 가능한 권장텐션의 범위내에서 스트링을 매는 것이 바람직하다.

스트링을 매는 강도는 사람에 따라 다소 다르나 스트링을 느슨하게 매면 그만큼 탄력성이 커 적은 힘으로 볼에 파워를 주기 쉽고 볼에 회전을 가하기 쉽지만 볼을 컨트롤하기가 어렵다. 반대로 스트링을 강하게 매면 볼을 컨트롤하기는 쉽지만 볼이 잘 날아 가지 않아 플레이어가 힘을 많이 써야 한다는 단점이 있다. 따라서 훌륭한 게임을 위해서는 가장 알맞은 텐션으로 플레이하는 것이 현명하다.

또한, 텐션은 다음과 같은 요인들에 영향 받을 수 있다는 것에 주의할 필요가 있다.

첫째, 오랜시간 스트링이 늘어나 있을 때, 둘째, 열에 노출되었을 때, 셋째, 사용되는 동안 스트링 면에 많은 스트레스가 가해졌을 때 이다. 특히 열은 스트링 텐션에 가장 큰 피해를 준다. 지나치게 열에 노출되면 노출전 생생할 때 가졌던 에너지 전달에 대한 스트링 능력이 감소된다. 즉, 열에 2시간 노출되면 스트링은 정상적으로 20-30시간 플레이를 한 정도의 스트레스 받는다. 이외에도 스트링은 계절의 영향을 받는데, 여름철에 스트링이 늘어나고 겨울철에 수축되기 때문에 텐션의 편차를 2~4파운드 정도 두면 좋다.

한편, 스트링을 라켓에 매려고 할 때, 메인 스트링과 크로스 스트링의 파운드를 다르게 하려고 한다면, 차이는 2 파운드(lb) 이내로 하는 것이 좋다. 그 이상의 차이는 라켓의 변형이나 스트링의 수명을 단축시키는 악영향을 미칠 수 있다.

③ 스트링 게이지

스트링 게이지는 텐션이 적용되기 전 측정된 직경이다. 게이지는 mm로 측정되며 스트링이 다양하듯 게이지 또한 다양하다. 그리고 게이지 숫자와 스트링 굵기는 반비례다.

스트링 두께는 평균적으로 15~19게이지이며, 중간게이지는 L(light: 얇은)을 붙여서 15L, 16L 등으로 표시한다.

스트링은 두께에 따라서도 특징이 달라지는데, 가는 스트링(1.20mm 이하)는 스트링 반발력이 좋아 파워와 직진성이 좋으나 내구성이 약하다. 반면에 굵은 스트링(1.20mm 이상)은 내구성이 좋고 스핀을 증가시키지만 타구시 반발력이 약하다.

표 3-4. 스트링 게이지와 직경

게이지(Gauge)	직경(mm)
16	1.26 ~ 1.34
17	1.16 ~ 1.25
18	1.06 ~ 1.15
19	0.96 ~ 1.05

Tip

스트링의 십계명(commandment)

(1) 스트링 텐션이 낮으면 더 큰 파워를 제공한다.
(2) 스트링 텐션이 높으면 파워는 약하지만 볼 컨트롤이 좋다.
(3) 스트링이 길거나 스트링 면 지역이 클수록 더 큰 파워를 제공한다.
(4) 스트링 패턴에서 스트링 밀도가 낮으면 더 큰 파워를 제공한다.
(5) 스트링이 가늘수록 더 큰 파워를 제공한다.
(6) 탄력성이 높은 스트링이 더 큰 파워를 제공하며 임팩트 시 충격흡수를 잘한다.
(7) 부드러운 스트링 또는 부드럽게 코팅된 스트링은 진동이 적다.
(8) 스트링이 가늘수록 볼에 더 많은 스핀을 일으킨다.
(9) 스트링 밀도가 낮으면 볼에 더 많은 스핀을 일으킨다.
(10) 탄성이 높은 스트링일수록 스트링 작업 후 라켓에서 텐션의 소실이 크다.

3) 복장 및 신발

(1) 테니스 복장

테니스는 경기 복장으로 티셔츠, 반바지, 원피스, 투피스, 양말, 모자 등을 착용하는데, 원래는 모두 흰색을 원칙으로 했으나 유행이 바뀌어 요즘에는 자기 개성에 맞는 각종 컬러를 선택해도 상관은 없다. 하지만 아직도 윔블던 대회에서는 참가하는 모든 선수에게 반드시 흰색 유니폼을 착용하도록 하고 있다.

테니스 코트 위에서의 복장은 경기에 임할 준비가 되었다는 것을 상대방과 관중에게 나타내는 것이다. 복장은 무엇보다도 활동하기 편하고 보온과 땀 흡수가 잘 되는 것이 좋다. 셔츠는 땀을 흡수가 잘 되고 피부 감촉도 좋아야 하며, 쇼트 팬츠나 스커트, 원피스는 땀과는 별로 관계없기 때문에 세탁해 마르기 쉽고 주름지지 않는 폴리에스텔 소재면 충분하다. 양말의 경우에는 두꺼운 듯한 면제품이 가장 좋지만 면과 폴리에스텔 소재의 혼방제품이라도 괜찮다. 한편, 여름에는 모자가 필요한데, 약간 챙이 넓고 세탁하기 쉬운 것이 편리 하다. 그리고 겨울에는 춥기 때문에 상하 모두 트레이닝 웨어가 움직이기 쉽고 따뜻해서 좋다.

(2) 테니스 신발

테니스 신발은 라켓 다음으로 중요한 용품으로 가장 먼저 체크할 것은 밑창이다. 예를 들어 세로 홈이 많은 타입은 옆 방향의 스톱성이 높으며 가로 홈이 많은 타입은 그 반대이다. 이러한 밑창의 패턴에 따라 신발을 크게 클레이 코트용, 하드 코트용, 올라운드용으로 나눌 수 있다. 미끄러지기 쉬운 클레이 코트용은 홈이 깊고 재질이 부드러운 것이 좋으며, 하드 코트용은 홈이 얕고 잘 마모되지 않는 단단한 재질이 좋다. 그리고 올라운드용은 클레이 코트용과 하드 코트용의 중간이면 된다.

또한, 테니스 코트에서는 반드시 테니스 신발을 착용하는 것이 코트의 손상을 막아 줄 뿐만 아니라 다리의 상해를 막아주는데 좋다.

4) 기타

(1) 손목 밴드

손목에 사용하는 손목 밴드는 위쪽 팔에서 흘러내리는 땀을 손목에서 흡수해 줌으로써 플레이를 하기 편하게 해준다. 또한 플레이 중에 얼굴이나 이마의 땀을 살짝 닦는데 편하다.

손목 밴드는 부드러운 감촉으로 손목부분을 잡아준다는 느낌의 적당한 압박감이 있는 것이 좋다.

(2) 헤어 밴드

헤어 밴드는 긴 머리의 머리카락이 플레이의 방해가 되는 것을 막아 줄 뿐만 아니라 머리나 이마에서 흐르는 땀이 눈에 들어가지 않게 하기 위해 꼭 필요하다.

(3) 라켓 커버

라켓을 커버 없이 벗겨진 채로 가지고 다니면 혼잡한 곳에서는 파손되기 쉬우며 비가 내릴 때는 습기에 의해 라켓을 오래 사용할 수 없기 때문에 일단 라켓 커버를 씌워 사용하는 것이 좋다.

(4) 댐프너

우리나라에서 엘보링, 배꼽 그리고 외국에서 댐퍼, 바이브레이션 스토퍼 등으로 불리는 댐프너는 국제테니스연맹에서는 통합용어로 'Vibration Damping Device'로 부른다. 테니스의 라켓에 달아주는 댐프너는 버튼형 댐프너와 끈으로 된 댐프너 등 종류와 모양이 매우 다양하다. 이 장치는 라켓의 스트링면에서 크로스 스트링 바깥부분이면 어느 곳이나 달수 있으며, 개수에 제한이 없다. 댐프너의 효과는 타구시 스트링의 진동을 빠르게 흡수하여 진동을 완화시켜주고 임팩트 시 타구음을 감소시킨다고 한다. 우리에게 알려진 것처럼 테니스 엘보를 예방하거나 라켓에서 오는 충격을 감소시킨다는 과학적 증거는 아직 없다.

제4장. 테니스 경기의 기본

1. 그립법

그립(grip)이라는 용어는 볼을 치려고 할 때 손에 라켓을 어떻게 잡고 있는 가를 나타낸다. 손에 라켓을 어떻게 잡느냐에 따라 테니스 볼에 대해 스윙하는 방법에 영향을 미치며, 스윙방법은 볼을 타구하는 형태에 영향을 줄 수 있다.

세계적인 프로 선수들은 일정하고 정확한 파워 있는 샷을 구사할 수 있는 능력을 가지고 있다. 이러한 샷은 부드럽고 효율적이며 기술적으로 정확한 스트로크 동작에 의존한다고 할 수 있는데, 근본적으로 정확한 샷의 실행은 그립에서 시작된다고 할 수 있다. 즉, 라켓을 잡는 방법에 따라 스트로크 테크닉이 달라지며, 테니스 선수의 플레이 스타일도 영향을 받는다. 그립을 잡는 법은 오랫동안 변화되어 왔으며 세계 제일의 테니스 선수들의 기술적, 전술적 개념에 많은 영향을 주었다.

따라서 그립이 어떤 타입이며 게임에 어떻게 영향을 미치는지를 아는 것도 중요하다.

1) 그립의 정의

테니스 라켓 그립 끝을 보면, 그립은 베블(bevel)이라 불리는 8개의 면으로 되어있으며, 맨 위부분의 베블이 베블 1이고, 그립을 시계방향으로 돌려가며 베블 2, 3, 4 순으로 불러진다. 베블 5는 그립의 뒷면에 위치한다.

그림 4-1를 보면, 손바닥 위의 2 지점이 있는데, 인덱스 너클과 힐 패드이다. 인덱스 너클은 검지(집게) 손가락 끝에서 손바닥 방향으로 라인을 그어 내렸을 때 손바닥과 처음 만나는 지점 즉, 검지의 첫 번째 관절부분이다. 그리고 힐 패드는 새끼 손가락 끝에서 시작해 아래로 쭉 손목까지 라인을 그어 내렸을 때 손목 바로 앞 손바닥의 두툼한 부분이다. 따라서 그립법은 테니스 라켓 그립의 어느 베블 위에 인덱스 너클과 힐 패드가 놓여있는가에 따라 기술적으로 정의 된다.

표 4-1, 4-2는 오른손과 왼손잡이 플레이어 모두를 위한 그립의 개요이다. 하지만, 이 책에서는 그립에 대한 정보 등 모든 것을 오른손잡이 플레이어를 대상으로 기술되어 있기 때문에 왼손잡이 플레이어는 반대로 참고하기 바란다.

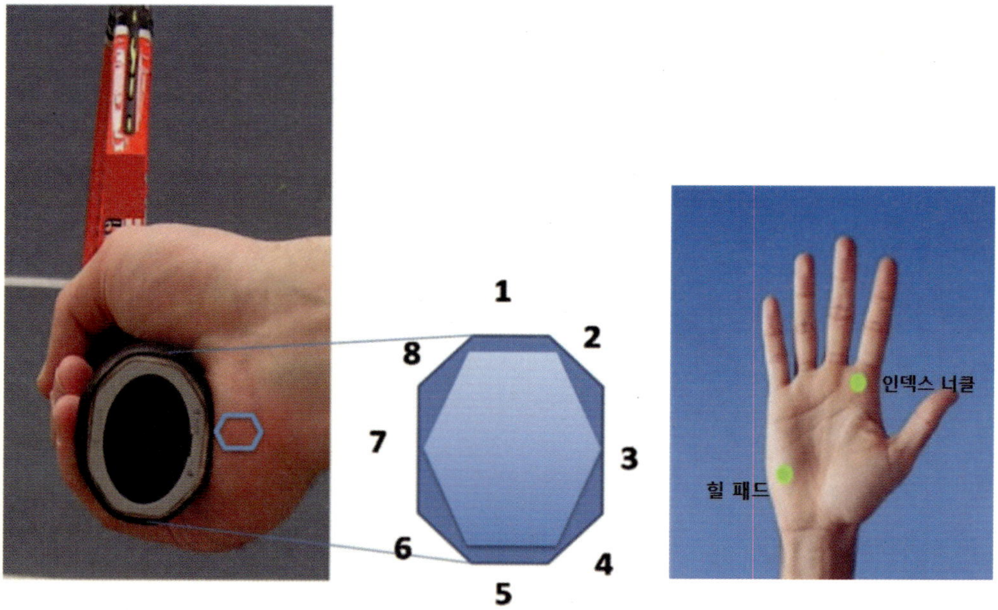

출처: https://bmcmusculoskeletdisord.biomedcentral.com/articles/10.1186/1471-2474-15-241

그림 4-1. 그립법에 이용되는 인덱스 너클과 힐 패드 위치

표 4-1. 한손 그립법에 이용되는 인덱스 너클과 힐 패드 위치

	오른손잡이 플레이어		왼손잡이 플레이어	
	인덱스 너클	힐 패드	인덱스 너클	힐 패드
컨티넨탈	2	1-2	8	1-8
이스턴 포핸드	3	2-3	7	7-8
이스턴 백핸드	1	1-8	1	1-2
세미웨스턴 포핸드	4	4	6	6
세미웨스턴 백핸드	8	8	2	2
웨스턴	5	5	5	5

표 4-2. 양손 그립법에 이용되는 인덱스 너클과 힐 패드 위치

	오른손잡이 플레이어				왼손잡이 플레이어			
	아래 손		윗 손		아래 손		윗 손	
	인덱스 너클	힐 패드	인덱스 너클	힐 패드	인덱스 너클	힐 패드	인덱스 너클	힐 패드
컨티넨탈(아래손)/이스턴포핸드	2	1-2	7	7-8	8	1-8	3	2-3
컨티넨탈(아래손)/세미웨스턴포핸드	2	1-2	6	6	8	1-8	4	4
컨티넨탈(아래손)/웨스턴포핸드	2	1-2	5	5	8	1-8	5	5
이스턴포핸드(아래손)/이스턴포핸드	3	2-3	7	7-8	7	7-8	3	2-3
이스턴포핸드(아래손)/세미웨스턴포핸드	3	2-3	6	6	6	6-7	4	4
이스턴포핸드(아래손)/웨스턴포핸드	3	2-3	5	5	7	7-8	5	5
이스턴백핸드(아래손)/세미웨스턴포핸드	1-8	8	6	6	1-2	2	4	4

2) 그립 법의 종류 및 장단점

그립에는 컨티넨탈 그립, 이스턴 그립, 세미웨스턴 그립, 웨스턴 그립 그리고 양손 그립 등이 있다. 이런 그립의 선택은 플레이 스타일과 매우 관련이 높다. 궁극적으로 플레이어는 자신의 플레이 스타일을 위해 일관성, 컨트롤 그리고 파워를 제공하는 그립을 필요로 한다. 또한, 플레이어의 그립은 흔히 플레이어가 게임을 학습하는 환경으로부터 발달된다고 할 수 있다. 즉, 클레이 코트에서 성장한 남아메리카 플레이어들은 일반적으로 높게 바운스된 볼을 처리하기 위해 세미웨스턴이나 웨스턴 그립을 많이 사용한다. 이처럼 모든 그립은 장점과 단점을 가지고 있다고 할 수 있다.

(1) 컨티넨탈 그립

그립을 바꿀 필요 없는 컨티넨탈 그립은 예전에는 포핸드, 백핸드, 특별한 샷, 발리, 오버헤드(스매시) 그리고 서브를 하는데 사용된 일반적인 그립이었다. 이 그립은 부드럽고 낮게 바운스하는 유럽의 클레이 코트에서 유래되었다. 그러나 지난 몇십년간에 걸친 게임의 변화는

더 이상 포핸드 그립으로 사용할 수 없게 되었다. 비록 현대 게임에서는 그립이 변했을지라도, 여전히 많은 프로선수들이 서브, 발리, 슬라이스, 그리고 오버헤드 스매시 등에 사용하는 기본그립으로 가치가 있다.

컨티넨탈 그립은 타구하는 손의 인덱스 너클과 힐 패드가 테니스 라켓의 베블 2에 놓여 있는 그립이다.

표 4-3. 컨티넨탈 그립의 장단점

장 점	단 점
① 바운드가 낮고 길게 뻗어지는 볼 처리에 유리하다.	① 높은 볼에 약하다.
② 그립을 바꾸지 않고 여러 가지 타구를 다양하게 칠 수 있다.	② 손목과 전완에 강한 힘이 필요하다.
③ 네트 플레이에 유리하다.	③ 많은 탑 스핀을 일으키기 어렵다.
④ 볼을 컨트롤하기 쉽다.	④ 파워를 내기 힘들다.
⑤ 서브의 스핀이나 발리의 언더스핀에 유리하다.	⑤ 특별한 샷 중 톱스핀 앵글과 로브가 어렵다.
⑥ 드롭샷 등 터치 샷을 치기 좋다.	⑥ 완벽한 타이밍이 요구된다.
⑦ 서브 앤 발리에 유리하다.	

(2) 이스턴 그립

이스턴 그립의 사용은 포핸드와 백핸드에서 가능하다.

① 이스턴 포핸드 그립

이스턴 포핸드 그립은 미국 동부지역의 중간 정도 바운드 되는 코트에서 기원한 그립으로, 포핸드를 치기 위해 사용할 수 있는 가장 전형적인 그립이다. 이 그립은 초보자들에게 편한 그립으로 배우기 쉽고 사용하기 쉬우며 어떤 코트 표면에서도 유용하다.

이스턴 포핸드 그립 잡는 법을 알기위한 지름길은 타구하지 않는 손으로 라켓의 목을 잡고 그 다음 타구하는 손으로 악수하는 것처럼 라켓을 잡는 것이다.

만약 이스턴 포핸드 그립으로 타구한다면, 접촉 높이는 거의 허리 높이로 다른 포핸드 그립 중 가장 낮다.

이스턴 포핸드 그립은 타구하는 손의 인덱스 너클이 테니스 라켓의 베블 3 그리고 힐 패드가 베블 2와 3 사이에 놓여 있는 그립이다.

Tip

어떤 플레이어는 포핸드에 대해 자연스럽게 엄지와 검지가 접촉되어 다섯 손가락 모두가 함께 하는 "햄머 그립"을 사용한다. 이 그립을 사용했을 때 대부분 플레이어는 터치감(feel)과 컨트롤 상실을 경험한다. 임팩트 시 라켓 헤드의 안정성과 터치감을 증가시키기 위해서는 검지를 넓게 벌려 잡아주는 것이 좋다.

② 이스턴 백핸드 그립

이스턴 백핸드 그립은 한손 백핸드로 타구할 때 사용하는 전형적인 백핸드 그립으로, 볼에 드라이브를 걸고 톱스핀으로 치려는 플레이어에게 최고의 안정성을 제공한다. 과거 피트 샘프라스, 페트르 코르다 등 프로 선수들이 이 그립을 사용했다. 이스턴 백핸드 그립은 타구하는 손의 인덱스 너클이 테니스 라켓의 베블 1 그리고 힐 패드가 베블 1과 8 사이에 놓여 있는 그립이다.

표 4-4. 이스턴 백핸드 그립의 장단점

장 점	단 점
① 톱스핀, 언더스핀, 플랫 드라이브 등 다양한 샷이 가능하다.	① 상대방 타구의 종류에 따라 그립 체인지가 필요하다.
② 허리높이의 볼에 유리하다.	② 매우 높은 볼 처리가 어렵다.
③ 초보자가 배우기 쉽다.	③ 손목에 너무 많은 힘이 들어간다.
④ 파워를 내기 쉽다.	
⑤ 다른 표면에서도 적응하기 쉽다.	

(3) 세미웨스턴 그립

세미웨스턴 그립 역시 포핸드와 백핸드에서 가능하며, 장점과 단점은 다음 아래와 같다.

① 세미웨스턴 포핸드 그립

이스턴그립과 웨스턴 그립의 중간형인 세미웨스턴 그립은 파워와 컨트롤 모두를 제공한다. 이 그립은 프로 투어에서 가장 인기 있는 그립으로, 일반적인 타구의 접촉지점은 허리와 어깨 사이이다. 이 그립의 장점은 볼을 플랫이나 톱스핀 모두 가능하다는 것이다. 그러나 웨스턴 그립처럼 더 많은 톱스핀으로 타구할 수 없고 이스턴 그립처럼 볼을 쉽게 플랫하게 타구할 수 없다는 것이 단점이다.

세미웨스턴 포핸드 그립은 타구하는 손의 인덱스 너클과 힐 패드가 테니스 라켓의 베블 4에 놓여 있는 그립이다. 이 그립은 약간의 그립법에 차이는 있을 지라도, 현대 테니스 프로선수들이 가장 많이 사용하고 있는 그립으로 포핸드 루프 스윙으로 파워 있는 공격적인 톱스핀 스트로크를 치는데 이용할 뿐만 아니라 톱스핀 로브나 앵글 샷을 칠 때 자주 이용한다.

② 세미웨스턴 백핸드 그립

세미웨스턴 백핸드는 손과 라켓의 기준점이 세미웨스턴 포핸드와 같으나 방향이 반대이다. 이 그립은 많은 톱스핀을 제공하지만 임팩트 시 라켓을 가속시킬 수 있는 힘과 능력이 요구된다. 또한 전방으로 스윙하는 동안 팔꿈치로 리드를 해야 한다. 저스틴 에넹, 스탄 바브린카 등 프로선수들이 한손 백핸드로 타구할 때 이 그립을 사용한다.

세미웨스턴 백핸드 그립은 타구하는 손의 인덱스 너클과 힐 패드가 테니스 라켓의 베블 8에 놓여 있는 그립이다.

표 4-5. 세미웨스턴 백핸드 그립의 장단점

장 점	단 점
① 어깨높이의 볼을 치는데 유리하다. ② 헤비 톱스핀으로 그라운드 스트로크에 유리하다. ③ 파워 있는 스핀볼을 치는데 유리하다. ④ 파워와 스핀을 가진 스윙 발리가 가능하다. ⑤ 특별한 샷으로 중간 높이의 볼을 앵글로 치거나 톱스핀 로브가 가능하다. ⑥ 어떤 샷인지 감출 수 있다. ⑦ 높이 랠리된 볼을 헤비 스핀으로 치는데 유리하다.	① 매우 낮은 볼을 발리하기 어렵다. ② 그립을 많이 돌려 잡아야 한다. ③ 드롭샷을 치기기 위한 슬라이스 적용이 어렵다. ④ 플랫 드라이브를 치기 어렵다. ⑤ 언더스핀을 적용시키기 어렵다.

(4) 웨스턴 포핸드그립

웨스턴 포핸드 그립은 미국 서부지역의 높이 바운스하는 시멘트 코트에서 유래되었는데, 우리나라의 연식 정구에서 사용하는 그립과 거의 비슷한 방법으로 즉, 라켓면을 지면과 평행하게 놓고 손잡이를 잡는 방법과 같다. 이 그립은 임팩트 전에 라켓면이 너무 빨리 닫힌다는 결점이 있어 낮은 볼이나 언더스핀을 치는데는 어렵지만 높은 볼과 톱스핀을 치기에 아주 좋다고 할 수 있다. 라파엘 나달 등 많은 톱 프로선수들이 많은 톱스핀을 위해 사용하는 그립이다. 그러나 이 그립은 플레이어가 아주 강한 손목이나 완벽한 타이밍을 가지고 있지 않으면, 웨스턴 그립은 여러문제를 야기시킬 수 있다. 즉, 역시 아주 높은 볼을 강타할 때나 톱스핀을 치는데 매우 좋으나, 서브(serve)나 발리(volley)할 때에는 적합하지 못하다.

웨스턴 포핸드 그립은 타구하는 손의 인덱스 너클과 힐 패드가 테니스 라켓의 베블 5에 놓여 있는 그립이다.

표 4-6. 웨스턴 포핸드 그립의 장단점

장 점	단 점
① 손목이 견고하므로 빠른 볼에 밀리지 않는다. ② 라켓헤드 스피드를 아주 빠르게 할 수 있다. ③ 팔꿈치의 굴절이 많으므로 강타에 적합하다. ④ 탑 스핀 로브에 좋으며 중간높이 볼의 앵글샷에 좋다. ⑤ 아주 높이 바운스하는 볼에 유리하다. ⑥ 높은 볼을 공격할 수 있다. ⑦ 많은 톱스핀을 일으킬 수 있다.	① 포핸드나 백핸드그립으로 그립을 바꿀 때 많이 돌려주어야 한다. ② 그립이 두꺼우므로 멀고 낮은 볼에 아주 약하다. ③ 몸 가까이에서 쳐야 하므로 항상 볼에 접근해야만 한다. ④ 슬라이스, 드롭샷 등을 치기가 어렵다. ⑤ 발리(volley)에 약하다. ⑥ 낮게 올라오는 볼을 처리하기 어렵다. ⑦ 패싱샷 등 볼을 드라이브하기 어렵다.

(5) 양손 백핸드 그립(double-handed back grips)

양손 백핸드 그립은 테니스 라켓을 두 손으로 잡으며, 각각의 손은 편하고 정확한 기법에 따라 라켓 그립위에 다양하게 위치한다. 이런 양손 백핸드의 가장 중요한 포인트는 샷하는 동안 양팔이 부드럽게 움직이도록 라켓을 잡는 것이다.

양손 그립을 논의하자면, 백핸드로 타구할 때 각 손의 역할을 구별하여 이해하는 것도 매우 중요하다.

① 아래쪽 손(bottom hand)

라켓을 스윙하는 동안 아래쪽 손은 항상 라켓을 지탱하는 역할을 하며 타이밍, 라켓 헤드의 견고성, 컨트롤 유지에 도움을 준다. 특히, 아랫쪽 손이 컨티넨탈 그립이면 멀리 떨어진 볼을 한손으로 타구할 수 있으며, 슬라이스 어프로치샷이나 발리를 하는데도 유용하다.

② 위쪽 손(top hand)

플레이어들은 위쪽 손이 지배적인 역할을 하며 리드(lead) 역할을 한다는 것을 받아들여야 한다. 즉, 윗쪽 손은 파워와 라켓 헤드의 가속을 생성하는 역할을 하므로 스윙하는 동안 훨씬 지배적인 역할을 한다. 예를 들어, 오른손잡이 플레이어가 양손 백핸드로 왼쪽에서 타구할 때

윗쪽 손에서 나오는 파워는 왼손잡이 포핸드의 파워와 같다고 할 수 있다.

만약 오른손잡이 플레이어가 양손 백핸드의 가장 기본적인 그립인 컨티넨탈/이스턴 그립으로 스트로크 한다고 가정해 보자. 첫째, 테니스 라켓 아래쪽을 잡는 오른손의 인덱스 너클은 라켓의 베블 2 그리고 힐 패드는 베블 1과 2 사이에 놓는다.

둘째, 위쪽을 잡는 왼손의 인덱스 너클은 라켓의 베블 7 그리고 힐 패드는 베블 7과 8 사이에 놓는다.

이외에 요즈음 프로선수들 사이에서 사용하는 여러 가지 그립 방법은 표 4-2를 참고하면 도움을 얻을 수 있다.

표 4-7. 양손 백핸드 그립의 장단점

장 점	단 점
① 손목이 약한 사람에게 좋다. ② 그립을 바꿀 필요가 없어 초보자나 주니어들이 배우기 쉽다. ③ 상대를 속이기 쉽고 각도가 깊은 앵글 샷이나 톱스핀을 구사하는데 좋다. ④ 테니스 엘보를 예방하는데 도움을 준다. ⑤ 파워를 내기 쉬우며, 타점이 늦어도 충분히 커버할 수 있다.	① 리치가 짧기 때문에 정확하고 빠른 풋워크를 요구한다. ② 몸 쪽으로 온 볼에 약하다. ③ 네트 플레이에 약하다. ④ 몸의 유연성을 요구한다. ⑤ 슬라이스가 어렵다.

2. 준비자세

준비자세는 테니스 플레이를 할 때 거의 모든 풋워크에 대한 기본이다. 상대방의 볼을 기다리는 동안, 언제 어느 곳으로도 신속하게 움직일 수 있도록 어깨 너비보다 약간 더 넓게 자세를 잡는다. 무릎은 약간 구부리고 체중이 몸의 앞쪽에 걸릴 수 있도록 양발의 뒤꿈치를 들어 엄지발가락 쪽에 힘을 주어 발끝으로 서는 것처럼 한다. 상체는 긴장을 풀고 어깨에 힘을 뺀 상태에서 팔과 라켓 그립을 잡은 손(오른손)은 엄지손가락을 위로 하고 집게손가락과 가운데 손가락을 밑으로 하여 손에 힘을 빼고 가볍게 잡아준다. 이때 팔꿈치는 약간 구부린 상태에서 몸 앞쪽에 있어야 하며, 그립을 잡지 않는 손(왼손)은 라켓의 목부분을 가볍게 받쳐주어 라켓이 몸의 정면에서 라켓헤드 부분이 약간 위로 향하도록 보조한다. 이렇게 잡으면 상대방의 볼 타구의 방향에 따라서 그립을 변화시키는 데 편리하다. 눈은 코트면이 아니라 상대방 특히, 볼의 움직임을 계속 주시해야 한다. 상대방이 볼을 한번 칠 때마다 반구후 준비 자세로 되돌아 와야 한다. 서브 리턴시 준비 자세는 그림 4-2와 같은 자세이다.

그림 4-2. 테니스의 준비자세

3. 스탠스

테니스는 개인 스포츠이며 누구나 자기의 특별한 샷을 치는 자신의 방식을 가지고 있다. 몇몇 선수들이 볼을 아주 비슷하게 치는 것처럼 보일지라도, 스트로크에는 약간의 차이가 있다. 볼을 치는 방법은 여러 가지가 있으며, 특히 그라운드 스트로크에 사용할 수 있는 다양한 그립과 스탠스가 있다.

최근 테니스 게임은 경기의 랠리 중에도 볼의 속도를 증가시켜 속도가 빠르게 전개된다. 또한 프로 선수들은 포핸드나 백핸드 스트로크 모두 회전력을 높이고 포인트의 상황에 따라 테니스 스탠스를 달리한다. 따라서 현대 테니스는 어떤 상황에서라도 적절한 기술을 사용하여 볼을 칠 수 있어야 하며, 동시에 빠른 속도로 게임을 처리 할 수 있어야 한다. 즉, 적응력, 유연성 및 즉흥성이 점점 더 필요하다고 할 수 있다.

이와 같이 플레이어가 코트에서 서로 다른 상황에 반응하고 적응하는 방법 중 하나는 다양한 스탠스를 언제 어떻게 사용해야 하는지 아는 것 역시 매우 중요하다.

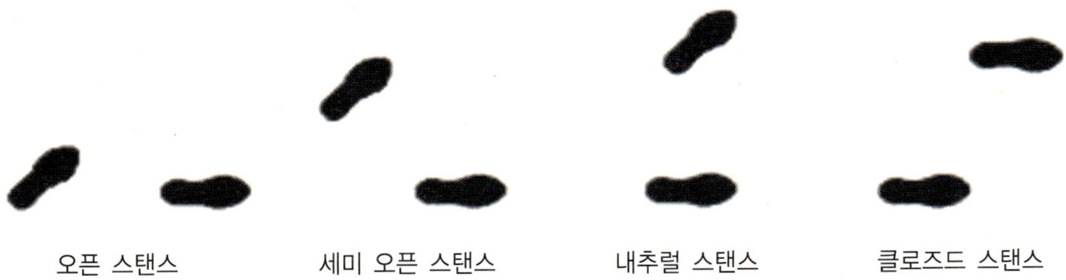

출처: https://tt.tennis-warehouse.com/index.php?threads/oscar-wegner-neutral-stance-not-necessary-when-hitting-down-the-line.522866/

그림 4-3. 타구 스탠스의 종류

1) 오픈 스탠스

오픈 스탠스는 발을 네트에 평행하게 놓는다. 발가락은 정렬하고 있는 동안 전방 또는 옆을 가리킨다. 이 스탠스를 사용할 때 몸통과 어깨는 백스윙에서 여전히 옆쪽으로 향해 있고, 그리고 일반적으로 팔로우드로는 스트로크가 시작된 반대쪽에서 끝난다. 오른손잡이 포핸드의 경우 몸의 왼쪽 어깨 또는 왼쪽 사이드가 된다.

오픈스탠스는 톱스핀 그라운드 스트로크를 치기에 적합한 웨스턴 또는 세미 웨스턴 포핸드에 가장 일반적으로 사용되고 있으며, 또한 양손 백핸드로 타구하는 스탠스로도 매우 효율적이다.

장점으로는 완전히 상체를 회전하지 않아도 되며 팔로우드로가 편하다, 샷을 위한 셋업시간을 단축 할 수 있다, 준비시간이 없을 때나 네트플레이에서 순식간에 반응할 때 등 여러 즉흥적 상황에 알맞다, 강한 톱스핀을 구사할 수 있다 등이 있다. 단점은 때때로 적절한 체중 전달 및 균형 유지가 어려울 때가 있다.

2) 세미오픈 스탠스

세미오픈 스탠스는 네추럴 또는 클로즈드와 오픈의 중간 스탠스이다. 발은 네트에 대해 대각선으로 놓는다. 오픈 스탠스와 마찬가지로, 발가락은 옆 또는 비스듬히 앞을 가리킬 수 있다.

내추럴 스탠스와 오픈스탠스 둘 모두의 장점을 조금씩 가지고 있다. 어깨를 턴하며 상체를 완전히 회전할 수 있고, 회전이 없는 상태로 길고 완벽한 팔로우드로를 수행할 수도 있다. 역시 현대 게임에서 일반적으로 사용되는 스탠스로, 웨스턴과 세미웨스턴 포핸드 그리고 양손 백핸드 모두 이 스탠스로 타구할 수 있다.

3) 네추럴 스탠스

네추럴 스탠스는 발을 세미오픈 스탠스와 같이 네트에 대각선으로 놓고, 네트와 마주본 상태에서 양발의 위치를 평행으로 취한 스탠스로 스퀘어 스탠스라고도 한다. 이 스탠스는 발리와 하프 발리, 특히 플레이어가 볼을 향해 달려가야 하는 발리에서 흔히 볼 수 있다.

장점으로는 플레이어가 달리면서 타구할 수 있고, 짧은 볼을 타구하는 데 유용하다는 것과 팔로우드로와 리커버리를 효과적으로 실행하는데 가장 좋은 기초를 제공한다. 단점은 어깨와 몸통 회전이 제한되어 유연하지 않다.

4) 크로즈드 스탠스

크로즈드 스탠스는 오픈 스탠스와 반대로 그림 4-3에서 볼 수 있는 것처럼 발을 훨씬 더 대각선으로 놓기 때문에 네트 방향에서 볼 때 등이 많이 보이는 스탠스이다. 서브에서 이 스탠스를 흔히 경우를 볼 수 있다.

장점으로는 완벽하고 적절한 어깨와 상체 턴을 보장한다는 것과 달리면서 타구할 경우 권장되는 스탠스이다. 단점으로는 목표지점 방향으로 체중을 이동하기 어렵다, 볼을 임팩트할 때 엉덩이와 어깨를 오픈하는 것이 거의 불가능하다, 어떤 스트로크에 관계없이 크로즈드 스탠스로 발을 놓기 때문에 상체 회전을 제한 할 수 있다, 준비자세로 돌아가는데 많은 시간이 걸린다, 파워가 약하고 샷의 선택이 제한적이다 등이 있다.

4. 풋워크

테니스는 반응의 스포츠이며, 움직이는 대상을 따라잡기 위해 민첩하게 반응해야만 한다. 만약 플레이어가 편안하게 위치를 잡았다면, 부드럽고 컨트롤된 스트로크를 수행할 수 있다. 하지만 부적절한 풋워크는 부적절한 위치 그리고 부정확한 스트로크와 컨트롤 상실로 이어진다.

테니스에서 풋워크란 가장 효율적인 거리로 볼에 접근하여 볼을 칠 수 있도록 하는 다리의 움직임을 말한다. 따라서 풋워크는 앞, 뒤, 좌, 우로 움직여야 하는 360도 기술이라고 할 수 있다. 실제 시합상황에서는 치기 좋은 곳으로 볼이 오는 것이 아니라 어려운 곳으로 볼이 날아오기 때문에 여기저기 바쁘게 뛰어다니면서 볼을 쳐야 한다. 풋워크가 좋으면 신체가 안정되어 올바른 스트로크 스윙을 할 수 있으며 위력 있는 타구를 할 수 있고, 풋워크가 나쁘면 손목이나 팔만 가지고 볼을 치는 결과가 되어 정확하고 스피드 있는 스트로크를 할 수 없게 된다. 따라서 정확한 스트로크를 하기 위해서는 보다 빨리 볼에 접근하여 가장 좋은 상태에서 볼을 치는 것이 필요하다.

풋워크의 기본 원칙은 모든 수준의 테니스 플레이어가 코트의 여기 저기를 움직여 타구를 효율적으로 하기 위해 셋업하는 것이다.

그림 4-4. 스플릿 스텝

1) 스텝의 종류

(1) 스플릿 스텝(split step)

스플릿 스텝은 준비자세와 밀접한 관련이 있다. 즉, 준비자세 동안에 취할 수 있는 가벼운 점프로, 코트면에서 약 5cm 정도 높이로 점프하면 충분하다. 점프할 때 중요한 것은 체중을 밑으로 내려 양 다리쪽에 옮기는 것이 필요하다.

스플릿 스텝은 거의 모든 동작에서 사용되며 다음 동작으로 연결할 때 순발력 있게 대처할 수 있다. 상대방이 테니스 볼을 막 임팩트 하려고 할 때마다 매번 스플릿 스텝을 해야 한다. 즉, 베이스라인에서 서로 볼을 주고 받을 때(그라운드 스트로크)는 상대방이 볼을 임팩트 순간에 스플릿 스텝을 하고, 상대 스트로크 대 발리 상황에서는 상대방의 테이크백(백스윙)이 끝난 시점에 스플릿 스텝을 한다. 그리고 네트 앞의 서로 발리 상황에는 위로 점프할 시간적 여유가 없으므로 발앞꿈치를 지면에 붙인채 무릎의 반동을 이용해서 폈다가 구부려주는 간결한 동작만으로 해야 하고, 상대방 서브때는 토스를 하면 왼발을 앞으로 바닥을 끌 듯이 밀어 전진시킨 다음 라켓이 볼을 임팩트하기 직전에 스플릿 스텝을 한다.

스플릿 스텝의 목적은 잘 균형 잡힌 스탠스에서 전방 운동량으로 변화시키기 위한 것으로 플레이어가 포핸드, 백핸드 등으로 반응할 수 있게 하고, 또한 각도 있는 방향에 대해 대각선으로 움직일 수 있게 하는 것이다.

(2) 워킹 스텝(walking step)

스플릿 스텝 후 상대의 볼이 서비스라인 근처에 떨어졌을 때 앞으로 전진해야 한다. 워킹 스텝은 전진할 때의 첫 스텝을 의미한다, 볼이 듀스코트(센터라인을 기준으로 했을 때 오른쪽 사이드)로 왔을 때는 오른발을 먼저 내딛고, 애드 코트로 볼이 떨어졌을 때는 왼발을 내딛는다. 이 스텝을 하면 무작정 볼을 따라가는 것보다 한 템포 빨리 볼을 포착할 수 있는 이점이 있다.

(3) 런닝 스텝(running step)

런닝 스텝은 체공시간이 짧은 빠른 볼이나 거리가 먼 볼을 쫓아갈 때 실시하는 스텝이다. 사이드 옆으로 멀리 빠지는 볼, 베이스 라인 부근에 있을 때 네트앞에 떨어지는 볼 등에 사용된다. 런닝 스텝을 할 때 무작정 볼에만 빨리 접근하려 하지 말고 처음에 실시하는 스플릿 스텝과 워킹 스텝을 한 후 순서에 맞게 행해야 한다.

(4) 백 스텝(back step)

백스텝은 볼이 생각보다 길거나 높아서 뒤로 물러날 때, 또는 볼이 몸쪽이나 백핸드 쪽으로 온 것을 포핸드로 돌아칠 때 사용하는 스텝이다.

(5) 셔플 스텝(shuffle step)

셔플 스텝은 코트에서 가장 많이 쓰이는 스텝 중 하나로, 짧은 거리의 측면움직임에 이용된다. 두 발을 어깨 넓이만큼 벌리고 지면을 딛은 후 바로 점프하여 동시에 두 발을 같이 옆으로 이동하는 스텝을 말한다. 먼 거리에는 비효율적이지만 몇 스텝안의 볼에 대해서 효율적이다.

(6) 슬라이드 스텝(slide step)

슬라이드 스텝은 앙투카나 클레이 코트에서 많이 쓰이는 스텝으로 하드코트에서는 사용하기 어렵다. 볼을 따라가다가 마지막 스텝이 안 맞거나 한발 더 전진할 시간적인 여유가 없을 때 사용하는 스텝이다. 미끄러지는 마지막 동작에서 발끝에 힘을 주어야만 임팩트를 할 때 볼에 파워를 실을 수 있고, 다음 동작으로 연결하기 쉽다.

(7) 크로스 스텝(cross step)

코트 밖까지 흘러나가는 볼을 치고 돌아올 때, 혹은 스플릿 스텝 후 빠른 볼을 좇아갈 때 사용한다. 크로스 스텝은 순발력 있게 대처해야 하며 수비동작을 빨리 취할 수 있게 도와주는 스텝이다. 피니시에서 바깥쪽(오른발)의 발이 안쪽 발인 왼발 옆으로 스텝인하는 것이다. 뒤로 움직임이 요구되는 포핸드나 오버헤드 등에 이용되기 쉽다. 크로스 오버스텝을 사용할 때 팁은 이동하고자 하는 방향의 발을 몸쪽방향으로 딛고 디딤발이 되도록 한다는 점이다.

(8) 어저스트먼트 스텝(adjustment step)

임팩트하는 지점에 거의 도달했을 때 볼과의 거리를 맞추기 위해 하는 잔발을 밟는 스텝을 말한다. 흔히 잔발 스텝이라고 한다. 타구 스탠스에 있어서 균형이나 정확한 임팩트 지점을 잡아주기 위해 미세조정하는데 중요하다.

(9) 비하인드 스텝(behind step)

포핸드 역크로스를 칠 때 자신의 몸이 볼 뒤로 돌아들어갈 때 사용하는 스텝으로, 바깥쪽(오른발)의 발이 먼저 자신의 몸 뒤쪽으로 오게 해 왼발 뒤에 위치하고, 볼에 밀리지 않게 하면서 친다.

(10) 캐리오카 스텝(carrioca step)

캐리오카 스텝은 오른손잡이 플레이어가 백핸드 슬라이스 어프로치를 할 때 처럼 볼을 타구하는 순간 왼발을 오른발 뒤로 교차되게 하는 스텝이다. 그라운드 스트로크와는 달리 움직이면서 치는 샷이기 때문에 풋워크가 복잡한 것이 사실이지만, 보다 빨리 네트 쪽으로 전진할 수 있는 장점이 있기 때문에 프로선수들 사이에서 흔히 사용되고 있다. 단, 스텝에 익숙하지 않을 경우 볼 컨트롤에 영향을 미칠 수 있으므로 스텝연습이 필요하다.

(11) 드롭스텝(drop step)

한발 또는 양발을 약간 뒤로 떨어뜨린 뒤 두 번째 단계의 스텝을 강하게 스텝하는 데 효율적이다. 모든 플레이어는 전방과 측면으로 움직일 때 드롭스텝을 이용한다. 이 스텝은 상대방의 속도나 깊이를 완화(흡수)하여 상대방에게 직접 볼을 타구할 공간을 만들어 준다.

제5장. 서브와 서브 리턴

1. 서브(serve)의 정의와 특징

모든 일에는 출발이 좋아야 결과도 좋듯이 테니스 경기에서도 시작단계인 서브가 잘 되어야 경기의 흐름을 좌우할 수가 있다. 서브는 테니스 스트로크 중 가장 강력한 스트로크로 정확한 실행은 상대방으로부터 한번의 반구도 없이 포인트를 얻게 한다. 이처럼 서브 기술은 선수 자신에 의해 완벽하게 조절되는 스트로크로 상대방이 볼의 회전, 서브시 볼의 위치, 임팩트 위치에 관여할 수 없는 유일한 공격수단이다. 또한 서브란 타구의 정확함과 힘, 볼의 플레이스먼트(placement)의 예리함과 다양함, 그리고 볼의 회전에 의해서 상대방이 예측할 수 없고 받기 곤란하게 하고 신속하게 네트로 전진할 수 있는 다이나믹한 움직임을 필요로 한다. 요즈음 세계적인 톱 테니스 선수들은 서비스 속도가 200km/h를 훨씬 상회하고 첫 서브 포인트율이 70~80%에 이르고 있듯이 서브의 중요성이 높아지고 있다.

그래서 최근의 서브는 세 가지 측면에서 과거와 크게 달라졌다고 할 수 있다. 첫째, 힘의 균등화이다. 즉 과거에는 제1서브는 강력한 플랫(flat)서브를 넣고 제2서브는 약간 스핀 서브를 넣었지만 현대는 제1서브나 제2서브를 막론하고 거의 똑같은 힘으로 서브를 넣고 있다. 둘째, 서브 동작의 동일화이다. 즉 똑같은 동작으로서 플랫, 스핀, 슬라이스의 서브를 넣어 동작을 보고 어떤 종류의 서브라는 것을 예측할 수 없게 되었다는 것이다. 셋째, 서브를 공격의 준비수단으로 만들고 있다는 것이다. 단지 시합을 시작하기 위한 수단이 아니고 강한 서브나 변화 서브를 넣고 네트로 달려 나가 다음의 공격 찬스를 만들거나 공격의 주도권을 잡기 위한 수단으로 이용하고 있는 것이다.

한편, 서브에서 그립은 컨티넨탈 그립이나 이스턴 백핸드 그립이 많이 이용된다. 그리고 서브는 크게 플랫서브(flat serve), 스핀서브(spin serve), 슬라이스서브(slice serve)로 구분되는데 토스의 영향을 받는다. 서비스는 단식의 경우에는 베이스 라인의 중간의 센터마크에서 옆으로 약 0.5~lm 정도, 복식의 경우에는 3~4m 정도 지점에서 준비한다. 준비 자세에서 서버는 베이스 라인 뒤 센터마크와 사이드 라인 안쪽에서 베이스 라인에 대하여 앞발은 약 45도, 뒷발은 평행하게 놓고 힙, 몸통, 어깨를 90도 회전시켜 상대방 서비스 코트를 향해서 타구하는데 실제 두 번의 서브기회가 주어진다.

그림 5-1. 테니스 서브의 연속 동작

2. 서브(serve)의 스탠스

서브 스탠스는 핀포인트 스탠스(pinpoint stance)와 플랫폼 스탠스(platform stance)로 나누어진다.

1) 핀포인트 스탠스

핀포인트 서브 스탠스는 처음부터 발 사이를 약 5 cm 정도 벌리고 두 발을 모은 상태에서 서브하는 스탠스로, 가엘 몽피스, 앤디 로딕 등이 이 유형의 서브 스탠스 이용자로 유명하다. 한편 약간 변형된 하이브리드 핀포인트 스탠스가 있는데, 이 스탠스는 플랫폼 스탠스처럼 발을 대략 어깨너비 정도 벌린 클로즈드 스탠스에서 토스를 올리는 동안 뒤발을 앞발 쪽으로 가져와 두 발을 모은 상태에서 서브하는 스탠스로, 라파엘 나달, 앤디 머레이, 스타니슬라스 바브린카, 토마스 베르디흐 등 많은 남자 프로 선수들과 대부분의 여자 프로 선수들이 사용하고 있다.

장점으로는 볼을 타구하면 확실히 폭발적인 속도와 힘을 얻기 쉽다는 것과 타점을 플랫폼에 비해서 조금 더 높일 수 있다. 단점으로는 몸의 움직임이 많아 서브시간을 완벽하게 유지하는 것이 번거롭고 조절하는 것이 쉽지 않다와 뒤발을 앞쪽으로 가져갈 때 발이 잘못 될 위험이 있으며, 밸런스가 무너질 경우 풋폴트를 범하기 쉽다는 것이다.

그림 5-2. 핀포인트 스탠스와 플랫폼 스탠스

2) 플랫폼 스탠스

플랫폼 스탠스는 발을 대략 어깨너비 정도 벌린 클로즈드 스탠스에서 시작해 서브를 넣을 때 두발이 동일한 폭을 유지하는 스탠스(발의 각도는 다양함)로, 발의 유일한 움직임은 지면에서 위로 점프할 때이다. 테니스 프로 선수들 중 로저 페더러, 노박 조코비치, 그리고르 디미트로프, 밀로스 라오니치 등이 플랫폼 스탠스를 사용하고 있다.

장점으로는 서브 동작을 행할 때 앞으로 체중을 이동시켜야 한다는 압박감이 훨씬 적다, 임팩트 시 더 많은 각운동량을 제공하는 백스윙에서 보다 큰 몸통회전을 허용한다, 풋폴트에 범할 가능성이 낮다 등이 있다. 단점으로는 서브할 때 듀스코트와 애드 코트에서 서브하는 지에 따라 약간의 조정이 필요하다, 타점이 낮다 등이 있다.

3. 서브의 종류

서브의 종류는 볼의 구질에 따라서 플랫 서브, 슬라이스 서브, 스핀 서브로 나누어진다.

1) 플랫서브(flat serve)

플랫서브는 말 그대로 라켓면이 임팩트시 목표점을 향해 플랫하게 즉 평면으로 맞아서 내리 꽂는 서브로, 강력한 직선타구 또는 직선에 가까운 타구로 가장 빠른 스피드를 만들어 낼 수 있다는 매력이 있어 제 1서브에 흔히 이용된다. 토스는 전방으로 띄우되 볼을 치는 어깨선보다 약간 더 바깥쪽 위로 1시 방향에 하는 것이 기본이다. 타점은 최대한 네트를 향한 전방에서 볼을 임팩트 했을 때, 스윙의 파워를 볼에 정확하게 전달하는 것이 가능하다. 임팩트에서는 가능한 한 몸을 곧게 펴 높은 타점에서 임팩트해야 하며, 임팩트시에는 손목을 사용하여 볼을 때린다는 감각으로 치면 볼을 컨트롤하기 쉽다.

플랫서브에서의 중요한 동작으로는 타구방향에 대하여 처음 준비자세에서는 옆방향, 임팩트 순간에는 정면을 향해야 한다. 또한 임팩트 순간에 체중이 타점방향으로 실리지 않으면 안 된다. 즉, 좋은 타점은 임팩트 순간에 몸이 곧바로 뻗고 임팩트 후에는 자연스럽게 체중이 타구 방향으로 실려야 한다는 것이다.

그림 5-3. 플랫 서브

2) 슬라이스 서브(slice serve)

테니스 경기 중 선수들이 가장 많이 사용하는 서브로, 스피드도 내고 회전도 걸 수 있기 때문에 실용적이다. 또한 사이드 스핀과 톱 스핀이 걸려 있기 때문에 서비스 라인 안에 들어가기 쉬워 안정성이 높은 서브이다. 이 서브는 미끄러지기 쉬운 빠른 코트인 잔디, 인조 잔디, 카페트, 하드 코트에서 더 효과가 크며, 특히, 상대방 듀스코트의 서비스 코트에 바운드 후 사이드 라인 바깥쪽으로 많이 휘어져 나가기 때문에 매우 위력적이고 예측하지 못했을 경우 리턴하기 어려운 서브로 최근 프로 경기를 보면, 제 1서브로도 많이 활용되고 있다. 그러나 바운드가 스핀 서브보다 낮아 상대방이 예측하여 리턴하면 반구의 각도가 많이 꺾여 들어올 수도 있다.

슬라이스 서브의 토스는 전방으로 띄우되 볼을 치는 어깨선보다 약간 더 바깥쪽 위로 1시에서 2시 방향에 하는 것이 기본이다. 이렇게 토스 된 볼을 라켓이 수평면상에서 9시에서 3시 방향으로 이동하면서 치게 하여 가로 회전을 걸어 준다. 즉 토스한 볼을 오른쪽 어깨 위 정도에서 임팩트하여 볼을 뒤에서 앞으로 미는 듯한 기분으로 친다. 그러면 볼은 상대방 코트에 들어가 바운드된 후 왼쪽으로 꺾이면서 미끄러지듯이 나아간다. 따라서 상대방은 자기의 오른쪽으로 꺾이면서 낮게 바운드 되는 볼을 잡아야 하기 때문에 리턴이 어렵다.

슬라이스 서브의 그립으로 컨티넨탈 그립을 사용하면 볼에 스핀을 주기가 쉽다. 파워를 더하기 위해서는 라켓을 될 수 있는 한 뒤쪽으로 끌어당긴다. 라켓을 뒤로 끌어당겼을 때 팔꿈치를 올려 주면 크게 끌어당겨지고 손목이 바르게 구부러진 폼이 된다.

그림 5-4. 슬라이스 서브

3) 스핀서브(spin serve)

스핀서브는 일명 트위스트 서브라고도 하는데, 바운드 후 높이 튀어 오르며 오른쪽으로 꺾이는 것이 특징으로, 볼이 네트를 넘은 후 급격히 아래로 떨어지므로 안정성이 확보되기 때문에 제 2서브로 많이 활용된다. 토스는 전방으로 띄우되 베이스라인을 따라 평행하게 올리는 것이 기본이다. 즉, 등쪽(11시에서 12시 방향)으로 올린다고 생각하면 된다. 이렇게 토스된 볼은 라켓으로 7시에서 1시 방향 또는 8시에서 2시 방향으로 쓸어 올리듯이 임팩트한다. 이것은 볼에 순회전에 가까운 회전을 걸기 위한 것으로 45도 정도의 각도로 회전을 걸었을 때가 가장 위력 있는 스핀서브를 넣을 수 있다. 이때 준비자세에서 이미 손목으로 각도를 만들어 주는 것도 중요하다. 이 스핀서브는 듀스 코트에서 상대방 서비스 코트의 센터라인을 겨냥해서 넣으면 볼이 바운드 후 우측으로 크게 휘어져 나가므로, 오른손잡이인 상대방의 백핸드 스트로크 리턴을 어렵게 치게 만든다. 또한 애드 코트에서는 상대방 서비스코트의 사이드 라인 부근을 목표로 하여 스핀 서브를 넣으면 상대방이 코트 밖으로 나가서 볼을 처리해야 하는 위력적인 서브가 된다.

그림 5-5. 스핀 서브

위의 3가지 서브는 스윙 방향과 임팩트 때의 라켓면의 각도 또한 영향을 받는 볼의 회전에 달려 있는데, 팔과 라켓을 일직선상으로 뻗은 정점에서 임팩트하는 것이 중요하다. 팔꿈치를 편 상태로 라켓 끝을 앞으로 향하게 해서 라켓의 무게에 의해 팔이 내려가는 느낌으로 라켓을 든 오른손이 마지막에는 왼쪽 허리에 닿을 정도로 크게 팔로우드로를 해야 한다.

4. 토스

토스는 팔을 편 상태에서 머리위로 들어 올리면서 눈높이에서 볼을 놓고 볼을 따라 가듯 왼손을 움직이면 토스의 방향이 안정되며 몸의 균형도 잡을 수 있다. 정확한 토스 없이는 좋은 서브를 생각할 수 없을 정도로 토스는 서브에서 중요한 기술이다. 서브의 80%가 일정한 토스에 의해서 결정된다고 할 수 있는데, 이러한 토스는 전체의 리듬, 라켓의 스윙 궤도에 영향을 줄 뿐만 아니라 서브 후의 동작에도 영향을 미친다. 토스에 원칙은 없지만 신체의 중심에서부터 볼을 밀어 올리는 느낌으로 하는 것이 좋다. 또한 라켓을 잡은 손과 토스를 하는 손의 각도가 90~120도 이내를 유지하는 것이 좋다.

서브 토스에 대한 주요 포인트는 다음과 같다.

(1) 토스하는 팔의 힘은 빼고 볼을 네트를 향한 전방 그리고 볼을 타구하는 어깨선보다 약간 더 바깥쪽으로 토스를 해야 한다.

(2) 볼은 엄지손가락 끝과 두세 개의 손가락 끝에 있어야 하며(엄지, 검지, 중지로 쥐고 약지는 받치기만 한다), 볼을 토스할 때는 반드시 손끝으로 볼을 토스해야 한다. 이때 볼을 쥔 손의 손목을 약간 뒤로 꺾은 상태로 위로 밀어 올리는 것이 일관된 토스에 좋다.

(3) 토스할 때 팔을 구부리지 않고 팔꿈치를 고정한 채로 팔을 곧게 펴야 한다. 즉, 손목과 팔꿈치를 고정하고 어깨의 움직임만으로 볼을 토스한다는 느낌으로 한다.

(4) 정확한 서브 토스의 위치를 확보하기 위해서는 팔을 펴고 볼을 눈높이에서 놓으면 올바른 높이와 위치에 도달 할 수 있다.

(5) 토스할 때 높이는 토스하는 손을 쭉 뻗은 위치에서 50~65 cm 정도 위에 토스의 정점이 오도록 해야 한다.

(6) 토스할 때 머리를 숙이면 안 되며, 눈은 임팩트 할 때까지 볼을 주시해야 한다.

(7) 토스를 오른쪽 어깨 쪽으로 아주 살며시 밀어 올려놓으면, 오른쪽 팔이 볼을 타구하기 좋은 위치가 된다.

5. 서브 리턴

테니스에서 서브리턴은 아주 좋은 전략적 또는 심리적 무기이며, 테니스에서 두 번째로 중요한 샷이다. 즉 단식 경기에서는 점수의 반 정도가, 복식 경기에서는 1/4 정도가 직·간접적으로 서브 리턴과 관계가 있으므로 서브 못지않게 아주 중요한 기술이다. 서브의 방향이나 볼의 속도, 그리고 스핀 등에 따라 서브가 다양하므로 어떤 한 가지 스트로크 기술만으로는 효과적인 서브 리턴이 불가능하다. 그러므로 어떤 종류의 서브도 자신 있게 리턴할 수 있도록 충분한 연습이 필요하다.

또한 공격적인 리턴을 하기 위해서는 포핸드 그립, 백핸드 그립, 포핸드와 백핸드의 가운데 그립 등 어느 그립을 잡고 있어도 상관없다. 그러나 상대방의 서브 게임을 방어하려면 포핸드 그립이 효과적이다. 왜냐하면 대부분의 사람들은 포핸드 그립에서 백핸드 그립으로 체인지하는 것보다 백핸드 그립에서 포핸드 그립으로 체인지하는데 더 많은 시간을 소비하기 때문이다. 그러므로 보다 공격적인 리턴을 하려면 준비 자세에서 포핸드 그립을 쥐고 있는 것이 좋다.

서브에 대한 리턴을 잘 하려면 준비자세가 좋아야하고 상대방의 샷을 예측하는 것이 필요하다. 다시말해, 상대방의 그립, 스윙, 스탠스 등을 확인하는 습관을 갖는 것 또한 좋은 방법이다. 프로선수들의 시합을 보면 상대방이 임팩트 하려는 순간 발가락 끝에 힘을 주며 자세를 약간 높인 자세에서 준비를 하고 있는데, 이런 자세는 특히 세컨드 서브를 받을 때 중요하다.

그림 5-6. 듀스코트에서 리턴시 센터로 오는 서브 볼을 포핸드로 돌아치는 리턴

그림 5-7. 듀스코트에서 백핸드 쪽으로 오는 서브를 백핸드 슬라이스로 블럭리턴

서브 리턴에 대한 주요 포인트는 다음과 같다.

(1) 서브를 기다릴 때 숨을 내쉬면서 긴장을 푼다.
(2) 서브 전에 몸을 낮추었다가 실제 볼을 타구할 때는 높은 자세에서 출발한다.
(3) 볼을 향해 앞으로 스텝인 해야 한다.
(4) 빠른 서브를 리턴할 때는 백스윙이 작고 간결한 스윙을 한다.
(5) 상대방 서브의 리듬을 파악하고 정확한 리턴을 한다.
(6) 가능하한 깊게 보내는 리턴을 한다.
(7) 상대 서브를 예측해 움직인다.
(8) 리턴 위치를 바꿔가며 상대 서버을 압박한다.
(9) 상대방이 토스된 볼을 임팩트 하는 순간 스플릿 스텝을 한다.
(10) 좋은 리턴을 위해 어깨를 돌려 상체를 회전한다.

제6장. 포핸드 스트로크

1. 포핸드 스트로크

포핸드 스트로크는 테니스 경기 중에 가장 많이 구사하는 샷으로, 플레이어의 오른쪽으로 오는 모든 볼을 처리하는 가장 기본적인 기술이다. 또한 테니스를 배우는 사람이라면 누구나 제일 먼저 접하는 기술이기도 하다. 그러나 가장 실수가 많은 샷이기도 하다. 따라서 포핸드 스트로크를 잘 치기 위해서는 무엇보다도 그립, 풋워크, 스윙 등이 잘 갖추어져야 하고, 또한 다양하게 변화된 현대 테니스의 흐름을 파악할 필요가 있다고 본다.

최근 세계적 프로선수들을 보면 포핸드 그립에 변형된 이스턴 그립, 세미웨스턴 그립, 웨스턴 그립을 그리고 베이스 라인에서 오픈 스탠스 상태로 한박자 빠른 라이징 볼 등 주로 공격적인 샷을 추구하고 있다.

이러한 경향을 볼 때, 세미웨스턴 또는 웨스턴 그립은 공격적인 플레이에 그리고 이스턴 그립은 서브엔 발리 등 네트플레이에 적절하다고 알고 있듯이 자신의 스타일에 알맞은 그립 등을 찾아 플레이하는 것이 성공적인 테니스를 보장할 것 같다.

그림 6-1. 네추럴 스탠스에서 포핸드 스트로크

그림 6-2. 오픈 스탠스에서 포핸드 스트로크

그림 6-3. 투 스텝 후 오픈 스탠스에서 높은 볼 포핸드 스트로크

1) 포핸드 스트로크의 단계

- 1단계 : 피봇과 어깨 턴

스플릿 스텝을 한 후, 오른발로 피봇하고 동시에 옆으로 어깨를 턴한다. 어깨를 턴할 때 테니스 라켓을 뒤로 가져오기 시작한다. 스플릿 스텝을 하지 않는다면, 테니스를 잘 치는 것이 불가능하다.

- 2단계 : 그립 체인지

샷을 하는데 적합한 그립으로 체인지 한다. 그립을 체인지하는 방법은 라켓그립을 잡고 있는 타구하는 손은 힘을 빼고 가볍게 잡고 라켓 목을 잡고 있는 손으로 타구하는 손에 적절한 그립에 도달할 때 까지 라켓을 돌려준다. 이 단계는 1단계와 동시에 일어난다.

- 3단계 : 팔을 사용

이 단계는 어깨 턴을 계속 유지하고 테니스 라켓을 뒤로 가져가며 어깨를 완전히 옆으로 턴한다. 어깨를 옆으로 턴하는데 팔과 어깨를 사용한다. 이때 타구하는 손(오른손)은 기본적으로 라켓 위에 편하게 놓고 왼팔이 모든 준비 작업을 하는 것이다.

- 4단계 : 왼발 내딛음

왼발 앞으로 내딛으며 그 발에 체중을 이동한다. 동시에 테니스 라켓을 뒤로 약간 떨어뜨리며(드롭하며) 타구하는 팔로 잡아준다. 드롭은 라켓을 뒤쪽 가장자리 방향으로 떨어뜨리는 것이다.

- 5단계 : 포워드 스윙

라켓을 내리면서 타구하는 팔을 완전히 펴고, 팔로 스윙하면서 라켓을 몸 앞의 임팩트 지점으로 스윙한다. 포워드 스윙에서 라켓이 가속하기 시작하고 팔이 앞으로 나가는데 이때 약간 라켓이 조금 뒤에 있어야 한다. 이것은 라켓을 떨어뜨리는 동안 엉덩이를 앞으로 돌리면 손목이 뒤로 처지고 느려지며 라켓은 자연스럽게 뒤따른다. 즉 그립 끝이 볼을 향하도록 한다.

- 6단계: 임팩트

임팩트 지점에서 라켓은 지면과 평행하게 되어야 하며, 동시에 머리와 눈은 다가오는 볼에 고정되어야 한다. 라켓면과 접촉한 후 몇 초간 라켓은 위로 움직이면서 이동해야 한다. 이때 체중은 뒷발에 없어야하며 앞으로 미끄러지듯 움직여야 한다. 그리고 체중은 앞발에 유지한다. 이때 임팩트 지점은 거의 허리 높이이다. 정확한 임팩트에는 3가지 요소가 있다. 첫째, 타점과 몸의 위치 관계, 두 번째, 임팩트시 라켓의 방향, 세 번째, 라켓면의 스윙 스포트에 닿는 것인데, 이 3가지 요소가 서로 갖추어져야 좋은 스트로크가 나온다고 할 수 있다.

• 7단계 : 팔로우드로

볼을 의도한 방향으로 일관성 있게 보내기 위해 볼이 날아가는 방향(네트 넘어 상대방 코트)으로 팔을 쭉 뻗어 올리며 왼쪽 어깨너머로 오른팔이 목을 감싸듯이 휘둘러준다

2) 포핸드 스트로크의 주요 포인트

(1) 높은 타점에서 볼을 잡을 경우 반드시 타점보다 높은 위치에서 테이크백을 한다.
(2) 짧게 높이 튀어 오른 볼은 테이크백을 높게 한 후 아래로 찍어 누른다는 느낌으로 쳐야 한다.
(3) 오픈 스탠스로 쳐야 안정적이고 파워 있는 샷이 된다.
(4) 준비 동작에서 팔을 뒤로 빼는 것이 아니라 먼저 어깨를 턴하면 테이크백이 된다.
(5) 톱스핀 치려면 테이크백에서부터 라켓헤드를 낮춰야 한다.
(6) 빠른 테이크백의 비결은 팔꿈치를 뒤로 가져가 신체를 회전시키고 팔꿈치를 기준으로 라켓을 테이크백 한다.
(7) 파워 있는 샷을 하려면 루프스윙으로 테이크백 한 후 와이퍼스윙을 해야 한다.
(8) 볼을 파워 있게 치려면 신체를 둘러쌀 정도로 팔로우드로를 크게 한다.

2. 포핸드 스트로크의 응용샷

1) 드롭샷(drop shot)

드롭샷은 상대방이 베이스 라인 근처에 있거나 발이 느린 선수를 네트로 유인하기 위해 네트 앞에 공을 짧게 떨어뜨리는 기술로, 정확한 타이밍과 능숙한 라켓 동작을 요구한다. 좋은 드롭샷은 볼이 네트 가까이에 수직으로 떨어지면서 낮고 짧게 바운드되는 것이다. 드롭샷은 상대방의 컨디션이 좋아 다른 샷이 효과가 없고, 상대방의 리듬을 깨고 싶을 경우 간혹 사용한다. 특히, 상대방이 강한 샷을 예측하고 있을 경우 사용하면 매우 효과적이다.

드롭샷의 원칙은 상대방이 볼에 접근하기 힘든 지점에 낮게 튀어 오르게 보내야 한다. 그리고 드롭샷은 네트에 가깝게 볼을 치는 것으로 볼에 언더스핀을 주어야 더욱 효과적이다. 이런 드롭샷을 치는 비결 중의 하나는 라켓면을 살짝 오픈하고 볼을 치는 것이다. 그리고 피니시 때 라켓 헤드가 지면과 거의 수평이 되도록 하는 것이다.

2) 앵글 샷(angle shot)

앵글 샷은 단식코트와 복식코트의 사이드라인 쪽으로 각을 주는 샷으로서, 상대방을 많이 움직이게 하여 자세를 흩트리는 것이 목적이다. 그러나 앵글 샷은 실수하기 쉽고, 자주 사용하면 상대방이 앵글 샷에 익숙해져 효과적이지 못하므로 다양한 샷을 적절히 구사하면서 사용해야 한다. 앵글 샷은 포핸드, 백핸드 모두 보통 스트로크를 할 때보다 타점을 약간 앞에 두어 스핀을 주는 것이 효과적이다. 즉, 볼을 하나의 시계로 생각해 볼 때 포핸드 앵글 샷의 경우 5시에서 10시 방향으로, 백핸드 앵글 샷의 경우 7시에서 2시 방향으로 쳐 올려야 각도가 있는 앵글 샷을 구사하기 쉽다. 또한, 스윙은 너무 크게 하지 않고 간결하게 휘두르는 것이 좋고, 보통 스트로크보다 터치 감각이 필요하기 때문에 볼에서 시선을 떼지 않아야 한다.

① 포핸드 앵글 샷

앵글 샷은 볼의 스피드보다 볼을 보내는 각도가 중요하기 때문에 라켓헤드를 아래로 떨어뜨려 아래에서 위로 스윙해야 한다. 또한, 팔꿈치를 축으로 스윙하며, 상황에 따라 임팩트할 때 손목을 약간 사용하기도 하지만, 처음에는 손목을 고정시키고 연습한다. 임팩트 위치는 무릎에서 허리 사이의 높이에서 치는 것이 컨트롤하기 쉽다. 그리고 상대방이 앵글 샷을 예측하지 못하도록 패싱샷과 마찬가지로 어깨를 많이 틀어 준다.

이런 샷을 치기 위해서는 5시에서 10시 방향으로 회전, 즉 오른쪽 아래에서 왼쪽 위로 쳐야 한다. 이때 스윙은 팔꿈치가 몸 앞을 통과하도록 하고 임팩트 타점이 무릎보다 아래로 처지지 않도록 주의한다.

그림 6-4. 포핸드 앵글 샷

그림 6-5. 애드코트에서 센터로 반구된 볼 런닝스텝 후 포핸드 앵글샷

그림 6-6. 듀스코트에서 사이드로 반구된 볼 크로스 포핸드 앵글샷

3) 어프로치 샷(approach shot)

요즈음과 같은 파워 테니스를 하는 시대에 테니스 경기는 베이스 라인에서 소극적으로 수비만 해서는 승리하기가 어려우므로, 기회를 봐서 어프로치 샷을 하고 네트를 향해 전진할 필

요가 있다. 일반적으로 어프로치 샷은 크게 두 종류로 나눌 수 있는데 볼을 강하게 치고 네트 대시하는 경우와 정교하게 치고 빠르게 네트로 들어가는 경우이다. 전자는 볼을 강하게 치고 들어가 상대방에게 리턴 할 시간을 주지 않아 수비에 급급하게 만드는 것이고, 후자는 어프로치 샷을 낮게 구사하여 상대방의 반격을 곤란하게 하는 것이다. 어프로치 샷을 구사하기 위해서는 몸의 균형을 유지하면서 부드럽게 스윙하고 가능하면 볼을 베이스 라인 근처로 깊게 쳐야 한다.

강한 포핸드 톱스핀 어프로치 샷은 볼을 쫓아 잔발 스텝으로 가서 한 템포 빠르게 치는 공격적인 샷이며, 백핸드 슬라이스 어프로치 샷은 체공 시간이 길어지므로 그만큼 네트로 접근할 시간적 여유를 얻을 수 있고, 바운드가 낮게 깔려 상대방으로부터의 반구가 네트보다 높은 위치에서 발리하도록 유도하는 샷이다.

그림 6-7. 낮은 볼 톱스핀 어프로치 샷

4) 패싱샷(passing shot)

패싱샷은 네트플레이를 격파하기 위해 상대의 좌우로 빠지게 하는 효과 이외에도 상대방의 에러를 유발할 수 있고 보다 적극적으로는 상대방의 몸통이나 발밑을 공격하여 어려운 발리를 유도하여 그 다음 볼을 쉽게 공격할 수 있는 상황을 만드는 넓은 의미도 있다. 이런 패싱샷의 구질은 톱스핀과 플랫이 원칙이다. 즉 톱스핀 패싱샷은 네트를 넘어서 뚝 떨어지는 성질로 인해 각도를 더 벌릴 수 있고 상대의 낮은 발리를 유도하여 범실을 유도할 장점이 있으며, 플랫 패싱샷은 특히 상대의 백핸드쪽으로의 스트레이트 패싱이 위력을 발휘한다.

기본적으로 패싱샷은 상대방의 움직임을 잘 관찰해서 어디로 볼을 칠 것인지 상대방이 쉽게 예측할 수 없도록 해야 한다. 따라서 패싱샷을 치기 위해서는 다음과 같은 기본적인 준비가 필요하다.

(1) 가능한 한 빨리 볼을 예측하여 여유 있게 백스윙을 미리 한다.
(2) 타구의 방향을 노출시키지 않으려면 가급적 어깨를 돌려서 준비해야 한다.
(3) 상대방의 움직임을 너무 의식한 나머지 볼에서 눈을 떼어서는 안 된다.
(4) 상대방을 관찰하는 것도 중요하지만, 임팩트 할 때 주의력을 볼에 더 집중하여 코스를 변경하지 않는다.
(5) 준비 동작에서 팔로우드로까지 주저 없이 간결하게 스윙을 하고 타구 후에는 상대방이 볼을 받아 칠 경우에 대비하고 있어야 한다.

5) 라이징 샷

현대 테니스의 흐름은 공격지향적으로, 세계 톱 프로 선수들 중에서도 라이징 샷을 치지 않는 선수는 거의 없다고 해도 과언이 아니다. 라이징 샷이란 볼이 올라오는 도중에 치는 샷을 의미하며, 이 샷의 장점은 스윙속도가 그다지 빠르지 않아도 빠른 볼을 칠 수가 있고, 타이밍이 빠르기 때문에 상대에게 자세를 잡을 시간을 주지 않고 랠리의 템포를 빠르게 가져감으로써 상대의 페이스를 무너뜨릴 수가 있다는 점이다. 또 이 샷을 치는 위치가 앞이기 때문에 상대방에게 위압감을 줄 수 있고, 타점이 높기 때문에 각도를 붙이기 쉽다. 반면에 상대구질의 변화와 불규칙 바운드에 대응하기 어렵고, 타점을 맞추는 것에만 급급하면 손으로 치게 되거나 제대로 된 스윙을 못하게 되는 경우도 자주 발생한다는 단점도 있다.

라이징 샷은 볼이 바운드 한 다음부터 임팩트까지의 시간이 아주 짧기 때문에 상대방이 친 볼의 회전을 보고 바운드를 예상하지 않으면 안 된다. 따라서 상대방의 움직임이 아니라 볼에만 의식을 집중시키는 것이 중요하다. 또한 라이징 타법의 포인트는 타이밍이기 때문에 테이크백이 완료되면서 곧바로 타구할 자세에 들어가야 한다.

포핸드 플랫 라이징 샷의 경우 어깨회전을 이용해서 똑바로 뒤로 끌어 당겨야 하며 테이크백 높이는 볼의 높이에 맞추면 된다. 또한 똑바로 앞으로 가져가 임팩트에서는 몸이 앞을 향하게 하는 것이 중요하다. 신체가 앞을 향하려면 오픈이나 세미오픈 스탠스나 스퀘어 스탠스가 적절하고 극단적인 클로드즈 스탠스는 피하는 것이 좋다. 한편 톱스핀 라이징 샷은 플랫의 경우보다 더 많이 어깨 턴을 한 다음 확실하게 되돌리면서 임팩트하기 때문에 확실하게 크게 휘두르는 것이 중요하며 스탠스는 플랫과 거의 같다.

6) 리버스 포핸드

다음 그림 6-8은 리버스 포핸드 진행과정이다. 서비스 후 네트플레이를 하기 위해 서비스 라인으로 들어가는 과정에서 사이드 쪽으로 볼이 반구되어 오른발을 크로스비하인드 스텝으로 뒤로 물러난 뒤 역크로스로 타구하는 장면이다.

그림 6-8. 애드코트에서 네트대시 후 포핸드로 돌아서 치는 역크로스 샷

제7장. 백핸드 스트로크

테니스 선수는 서로 다른 상황에서 올바른 샷을 사용하여 상대방에게 포인트를 얻을 수 있는 방법을 알아야 하는데, 랠리 중 어쩔 수 없이 백핸드를 사용해야 한다. 이런 백핸드 종류에는 한손 백핸드, 슬라이스 백핸드, 양손 백핸드 등이 있다.

1. 한손 백핸드 스트로크(one-hand backhand stroke)

1970년대 이전에는 한손 백핸드가 대단히 유행했다. 이 백핸드의 장점은 무릎 아래로 향하는 볼을 치기 쉽고, 리치가 길다는 것이다. 또한 한 손으로 슬라이스 백핸드를 쉽게 칠 수 있어 부담이 없다. 특히, 슬라이스 백핸드는 발리 기술 향상에도 도움을 준다. 페트릭 라프터, 피트 셈프라스와 같은 테니스 역사에서 가장 훌륭한 발리 플레이어들은 한손 백핸드를 사용했었다.

한손 백핸드는 지배적인 팔과 반대쪽으로 볼이 왔을 때 타구하는 스트로크로 플레이어에게 백핸드 대한 적절한 테니스 그립을 요구한다. 즉, 지배적인 손의 인덱스 너클과 힐 패드가 베블 1에 위치한 이스턴 백핸드 그립이다. 이 백핸드 그립은 최대 파워와 스핀을 주며, 다양한 볼을 다루는데 가장 적합한 그립이다. 테니스에서 프로들이 사용하는 한손 백핸드 그립은 이스턴 백핸드와 수정된 이스턴 백핸드 그립이다. 두 그립은 일반적으로 큰 차이가 없으며, 톱스핀을 치는데 적합하다. 그러나 백핸드 톱스핀 기술은 매우 습득하기 어려운 기술로서 라켓을 안정되게 유지하기 위해 더 많은 힘이 필요하다. 그리고 강한 손목, 팔, 어깨, 완전한 어깨회전, 풀 백스윙, 정확한 자세, 이상적인 임팩트 위치 등을 요구한다. 또한 타구하는 팔의 긴장을 야기해 테니스 엘보우를 초래할 수 있다.

현재 로저 페더러, 스타니슬라스 바브린카 그리고르 디미트로프, 리샤르 가스켓 등이 한손 백핸드를 사용하고 있지만, 앞으로 테니스 게임이 더 공격적이고 더 방어적일 것으로 본다면 양손 백핸드가 주류일 것은 분명하다 그러나 여전히 슬라이스를 이용한 낮은 바운스의 볼 처리, 드롭샷 등에는 한손 백핸드가 필요할 것이다.

1) 한손백핸드 스트로크 단계

• 1단계 : 피봇과 어깨 턴

스플릿 스텝을 한 후, 바깥쪽 발(왼발)로 피봇하고 동시에 옆으로 어깨를 턴한다. 어깨를 턴할 때 테니스 라켓을 뒤로 가져오기 시작한다.

• 2단계 : 그립 체인지

샷을 하는데 적합한 그립으로 체인지 한다. 그립을 체인지하는 방법은 라켓그립을 잡고 있는 타구하는 손은 힘을 빼고 가볍게 잡고 라켓 목을 잡고 있는 손으로 타구하는 손에 적절한 그립에 도달할 때 까지 라켓을 돌려준다. 이 단계는 1단계와 동시에 일어난다.

• 3단계 : 팔을 사용

이 단계는 어깨 턴을 계속 유지하고 테니스 라켓을 뒤로 가져가며 어깨를 완전히 옆으로 턴한다. 어깨를 옆으로 턴하는데 팔과 어깨를 사용한다.

• 4단계 : 안쪽 발(오른발) 내딛음

안쪽 발(오른발)로 몸을 가로질러 앞으로 내딛으며 그 발에 체중을 이동한다. 동시에 테니스 라켓을 뒤로 약간 떨어뜨리며 타구하는 팔로 잡아준다. 역시 타구하지 않는 손은 라켓을 받쳐준다.

• 5단계 : 포워드 스윙

라켓을 내리면서 타구하는 팔을 완전히 펴고, 팔로 스윙하면서 라켓을 몸 앞의 임팩트 지점으로 스윙한다. 이때 어깨로부터 팔과 라켓을 한 단위로 스윙하는 것이 매우 중요하다.

• 6단계 : 임팩트

임팩트 지점에서 라켓은 지면과 평행하게 되어야 하며, 동시에 머리와 눈은 다가오는 볼에 고정되어야 한다. 라켓면과 접촉한 후 몇 초간 라켓은 위로 움직이면서 이동해야 한다. 이때 체중은 뒷발에 없어야 하며 앞으로 미끄러지듯 움직여야 한다. 그리고 체중은 앞발에 유지한다. 이때 임팩트 지점은 거의 허리 높이이다.

• 7단계 : 팔로우드로

볼을 의도한 방향으로 일관성 있게 보내기 위해 볼이 날아가는 방향(네트 넘어 상대방 코트)으로 팔을 쭉 뻗어 하늘을 향해 일직선으로 올려준다.

그림 7-1. 높은 볼(어깨높이) 백핸드 샷

그림 7-2. 보통 볼(허리 높이) 백핸드 샷

그림 7-3. 잔발스텝을 이용한 포 스텝 후 높은 볼 백핸드 샷

2. 백핸드 슬라이스(backhand slice)

테니스 백핸드 슬라이스는 현대 테니스에서 가장 일반적으로 사용되는 테니스 스트로크 중 하나로, 테니스 경기의 여러 장면에서 사용되는데, 매치를 이기는데 가장 좋은 샷 중의 하나이기 때문이다. 백핸드 슬라이스는 플레이어가 네트플레이를 원할 때 또는 발리를 준비하기 위해 볼을 낮게 유지하는 데 사용한다. 슬라이스는 상대방의 리듬을 산만하게 하고 싶을 때, 상대방에게 짧은 볼을 리턴할 때, 베이스 라인 랠리에서 리턴할 때 또는 방어적인 위치에서 리턴 할 때 이용된다. 백핸드 슬라이스는 테니스 볼을 늦추고 플레이어가 회복 위치로 되돌아올 수 있게 한다.

백핸드 슬라이스에서 사용하기에 이상적인 그립은 컨티넨탈 그립이며, 몇몇 플레이어는 이스턴 백핸드 그립을 사용하기도 한다. 백핸드 슬라이스에서 가장 일반적인 풋워크는 볼을 떨어지는 곳으로 몸을 완벽하게 배치하는 일련의 작은 스텝이다. 오른쪽 발(오른손잡이)을 사용하여 볼을 타구하려고 할 때 마지막 큰 포워드 스텝해야 한다. 체중은 뒷발에서 앞발로 전달되어 앞으로의 운동량을 만들어야 한다. 일반적으로 내추럴 또는 크로즈드 스탠스에서 타구한다.

1) 백핸드 슬라이스 단계

• 1단계 : 피봇과 어깨 턴

스플릿 스텝을 한후, 왼발로 피봇하고 체중을 이동하면서 어깨를 턴한다. 동시에 타구하는 손의 힐 패드와 인덱스 너클 부분을 베블 2에 배치한다(컨티넨탈 그립).

• 2단계 : 테이크 백

계속 어깨를 턴하면서 팔을 이용하여 테니스 라켓을 완전히 테이크백 한다. 라켓은 다가오는 볼에 대해 라켓면이 오픈된 상태로 어깨너머 머리 뒤로 가져간다. 이때 팔과 라켓은 L자형이다.

• 3단계 : 안쪽 발(오른발) 내딛음

오른발을 코트 안 전방을 스텝인 하며 체중을 이동시킨다. 이때 발을 코트 안쪽에 대각선 방향으로 내딛어야 한다.

• 4단계 : 포워드 스윙

임팩트 지점으로 포워드 스윙을 한다. 포워드 스윙동안 팔을 펴고 테니스볼이 어깨 아래로 떨어질 때 스윙한다. 볼이 떨어질 때 스윙하는 이유는 볼에 백스핀을 주기 위함이다.

• 5단계 : 임팩트

임팩트 시에는 팔을 펴고 눈은 임팩트 지점을 주시하고 있어야 하며, 라켓은 네트를 향해 약간 오픈되어야 한다. 이때 임팩트 지점은 거의 허리 높이로 약간 바깥쪽이다.

• 6단계 : 팔로우드로

임팩트 지점으로부터 타구한 방향으로 손을 밀어 내며 테니스 라켓이 감속될 높이 까지 팔을 자연스럽게 올려준다. 이때 라켓면은 하늘을 보고 있다. 팔로우드로 동안 몸이 측면을 유지하는 것이 중요하며, 타구하지 않는 손은 몸 뒤에 남김으로써 균형을 유지한다.

그림 7-4. 낮은 볼 슬라이스

그림 7-5. 보통 볼(허리높이) 슬라이스

그림 7-6. 높은 볼(어깨높이) 슬라이스

3. 양손 백핸드 스트로크(two-hand backhand stroke)

1970년대 후반 지미 코너즈, 크리스 에버트, 비에른 보그, 트레이시 오스틴 등과 같은 유명한 선수들이 명성을 떨치기 시작한 이래 포핸드 스트로크에 비해 상대적으로 약한 백핸드를 보강할 수 있는 무기로 각광받기 시작했다.

이런 양손백핸드는 한손 백핸드로 강하게 치기 어려운 높은 볼도 플랫이나 톱 스핀 등을 이용하여 강한 스트로크를 할 수 있고, 작은 백스윙으로 빠른 볼이나 빠른 타이밍, 변화가 많은 볼에 강하다는 장점이 있으며, 또한 오픈 스탠스로 타구할 수 있다. 최근에는 양손 백핸드는 대세이며, 라파엘 나달, 노박 조코비치, 세레나 윌리엄스, 마리아 사라포바 등 많은 선수들이 사용하고 있는데, 최근 10년 동안 남자 그랜드슬램 승리의 68%와 여자 그랜드 슬램 승리의 86%는 양손 백핸드 선수가 차지했다. 또한 ATP 상위 100명 중 약 81%, WTA 상위 100명 중 90% 이상이 양손 백핸드 선수이다.

1) 양손 백핸드 스트로크 단계

- 1단계 : 피봇과 어깨 턴

훌륭한 양손 백핸드는 완벽한 셋업으로 시작된다. 첫째, 가장 일반적으로 사용되는 그립은 지배적인 손(오른손)이 컨티넨탈 그리고 비지배적인 손(왼손)이 이스턴 포핸드 그립이다.

볼이 도착할 때, 스플릿 스텝 후, 바깥쪽 발(왼발)로 피봇하고 동시에 어깨를 옆으로 턴한다.

- 2단계 : 테이크백

테니스 라켓을 테이크백 하고 다가오는 볼을 지배적인 어깨(오른쪽 어깨) 너머로 주시한다. 라켓은 볼의 높이 이상으로 테이크백 하는 것이 좋다(10시 또는 2시 높이가 이상적). 어깨는 수평을 유지하고 무릎은 약간 구부린 상태에서 몸은 최소한 네트와 평행이 되게 턴한다.

- 3단계 : 라켓헤드를 볼 아래로 내림/스텝

손에 힘을 빼고, 라켓헤드는 앞발에 체중을 옮기기 바로 전에 볼의 높이 아래로 내리고 안쪽발(오른발)을 스텝 한다. 라켓 손잡이를 가볍게 잡고 라켓의 버트캡이 볼을 겨냥하도록 한다.

- 4단계 : 포워드 스윙

체중을 이동과 동시에 팔로 스윙하면서 라켓을 몸 앞의 임팩트 지점으로 포워드 스윙을 시작한다. 어깨 턴을 풀고 앞의 바깥쪽에서 접촉하도록 해야 한다.

- 5단계 : 임팩트

임팩트 시에는 다리, 어깨 및 팔의 모든 에너지가 전방으로 추진되어 볼을 밀어내고 목표물 쪽으로 향해야 한다. 볼이 라켓에 머물러 있을 지라도, 운동량은 전방을 향해야 한다. 임팩트 지점은 허리 높이로 이때 스트로크는 길어야 한다. 너무 빨리 샷 동작을 풀면 많은 에너지가 낭비되고 훨씬 약하고 정확성이 없는 타구를 하게 된다.

- 6단계 : 팔로우드로

임팩트 지점에서 볼을 타구한 방향으로 팔로우드로을 하면 네트를 마주볼 때 까지 회전을 계속한다. 팔꿈치를 높게 올리면서 오른쪽 어깨 넘어로 라켓을 가져간다. 이때 비지배적인 손이 피니시할 때 뒤쪽 힙을 잡아당기며 네트와 마주보게 한다. 바깥쪽 발(왼발)을 끌어당겼을 때, 상대방의 다음 샷 궤도에 따라 셔플 또는 크로스오버 스텝으로 발을 밀어내면서 리커버리 해야 한다.

2) 양손 백핸드 스트로크의 장점

양손 백핸드 스트로크를 한손 백핸드 스트로크와 비교해 장점을 살펴보면 다음과 같다.

(1) 서브 리턴이 더 쉽다
(2) 임팩트 순간에 라켓이 더 안정적이다.
(3) 준비가 더 빠르다.
(4) 백스윙이 컨트롤된다.
(5) 다양한 백스윙으로 좋은 샷을 만들어 낼 수 있다.
(6) 임팩트 지점은 몸과 일직선상 약간 왼쪽이다. 그러나 조금 늦었을 경우 다른 손의 도움을 받을 수 있다.
(7) 상체를 턴해야 하지만 한손 백핸드보다는 적게 한다.
(8) 양손으로 인해 충격이 보다 균등하게 분산되므로 꼭 어깨, 팔, 손목이 강할 필요는 없다. 즉, 부상 위험이 적다.
(9) 피니시 후 몸이 네트를 향하고 있어 쉽게 옆으로 움직일 수 있다.
(10) 파워는 볼을 향한 스텝 그리고 머리 주위로 어깨를 회전함으로써 만들어진다.
(11) 모든 스탠스가 가능하다.
(12) 다른 손의 도움을 받기 때문에, 팔꿈치는 몸에서 다양한 위치에 둘 수 있어 임팩트 영역을 크게 하는데 효과적이다.

그림 7-7. 높은 볼(어깨높이) 양손 백핸드 샷

그림 7-8. 보통 볼(허리높이) 양손 백핸드 샷

4. 백핸드 스트로크의 응용샷

1) 앵글 샷

그림 7-9. 백핸드 앵글샷

백핸드 앵글 샷은 상황에 따라 손목을 조금 쓰기도 하는 포핸드 앵글 샷과 달리 손목을 고정시켜야 한다. 그러나 스윙은 포핸드 앵글 샷과 마찬가지로 아래에서 위로 스윙해야 하는데, 이때 방향은 포핸드 앵글샷과 반대로 7시에서 1시 방향으로 볼을 부러싱해 주어야 한다. 그리고 보통 스트로크 때보다 그립을 약간 두껍게 쥐는 것이 좋다. 그리고 오른쪽 허리를 잘 이용하여 임팩트시 볼의 밑부분을 쳐야 한다.

그림 7-10. 시합 중 짧은 센터볼 백핸드 앵글샷

2) 어프로치 샷(approach shot)

요즈음과 같은 파워 테니스를 하는 시대에 테니스 경기는 베이스 라인에서 소극적으로 수비만 해서는 승리하기가 어려우므로, 기회를 봐서 어프로치 샷을 하고 네트를 향해 전진할 필요가 있다. 일반적으로 어프로치 샷은 크게 두 종류로 나눌 수 있는데 볼을 강하게 치고 네트 대시하는 경우와 정교하게 치고 빠르게 네트로 들어가는 경우이다. 전자는 볼을 강하게 치고 들어가 상대방에게 리턴 할 시간을 주지 않아 수비에 급급하게 만드는 것이고, 후자는 어프로치 샷을 낮게 구사하여 상대방의 반격을 곤란하게 하는 것이다. 어프로치 샷을 구사하기 위해서는 몸의 균형을 유지하면서 부드럽게 스윙하고 가능하면 볼을 베이스 라인 근처로 깊게 쳐야 한다.

강한 포핸드 톱스핀 어프로치 샷은 볼을 쫓아 잔발 스텝으로 가서 한 템포 빠르게 치는 공격적인 샷이며, 백핸드 슬라이스 어프로치 샷은 체공 시간이 길어지므로 그만큼 네트로 접근할 시간적 여유를 얻을 수 있고, 바운드가 낮게 깔려 상대방으로부터의 반구가 네트보다 높은 위치에서 발리하도록 유도하는 샷이다.

3) 패싱샷(passing shot)

패싱샷은 네트플레이를 격파하기 위해 상대의 좌우로 빠지게 하는 효과 이외에도 상대방의 에러를 유발할 수 있고 보다 적극적으로는 상대방의 몸통이나 발밑을 공격하여 어려운 발리를 유도하여 그 다음 볼을 쉽게 공격할 수 있는 상황을 만드는 넓은 의미도 있다. 이런 패싱샷의 구질은 톱스핀과 플랫이 원칙이다. 즉 톱스핀 패싱샷은 네트를 넘어서 뚝 떨어지는 성질로 인해 각도를 더 벌릴 수 있고 상대의 낮은 발리를 유도하여 범실을 유도할 장점이 있으며, 플랫 패싱샷은 특히 상대의 백핸드쪽으로의 스트레이트 패싱이 위력을 발휘한다.

기본적으로 패싱샷은 상대방의 움직임을 잘 관찰해서 어디로 볼을 칠 것인지 상대방이 쉽게 예측할 수 없도록 해야 한다. 따라서 패싱샷을 치기 위해서는 다음과 같은 기본적인 준비가 필요하다.

(1) 가능한 한 빨리 볼을 예측하여 여유 있게 백스윙을 미리 한다.
(2) 타구의 방향을 노출시키지 않으려면 가급적 어깨를 돌려서 준비해야 한다.
(3) 상대방의 움직임을 너무 의식한 나머지 볼에서 눈을 떼어서는 안 된다.
(4) 상대방을 관찰하는 것도 중요하지만, 임팩트 할 때 주의력을 볼에 더 집중하여 코스를 변경하지 않는다.
(5) 준비 동작에서 팔로우드로까지 주저 없이 간결하게 스윙을 하고 타구 후에는 상대방이 볼을 받아 칠 경우에 대비하고 있어야 한다.

그림 7-11. 다운더라인 백핸드 패싱 샷

4) 라이징 샷

현대 테니스의 흐름은 공격지향적으로, 세계 톱 프로 선수들 중에서도 라이징 샷을 치지 않는 선수는 거의 없다고 해도 과언이 아니다. 라이징 샷이란 볼이 바운드 하여 올라오는 도중에 치는 샷으로 상대방이 반구한 볼의 위력을 그대로 이용할 수 있기 때문에 반발이 강한 샷을 칠 수 있다. 이 샷의 장점은 스윙속도가 그다지 빠르지 않아도 빠른 볼을 칠 수가 있고, 타이밍이 빠르기 때문에 상대에게 자세를 잡을 시간을 주지 않고 랠리의 템포를 빠르게 가져감으로써 상대의 페이스를 무너뜨릴 수가 있다는 점이다. 또 이 샷을 치는 위치가 앞이기 때문에 상대방에게 위압감을 줄 수 있고, 타점이 높기 때문에 각도를 붙이기 쉽다. 반면에 상대 구질의 변화와 불규칙 바운드에 대응하기 어렵고, 타점을 맞추는 것에만 급급하면 손으로 치게 되거나 제대로 된 스윙을 못하게 되는 경우도 자주 발생한다는 단점도 있다.

라이징 샷은 볼이 바운드 한 다음부터 임팩트까지의 시간이 아주 짧기 때문에 상대방이 친 볼의 회전을 보고 바운드를 예상하지 않으면 안 된다. 따라서 상대방의 움직임이 아니라 볼에만 의식을 집중시키는 것이 중요하다.

5) 드롭샷(drop shot)

드롭샷은 상대방이 베이스 라인 근처에 있거나 발이 느린 선수를 네트로 유인하기 위해 네트 앞에 공을 짧게 떨어뜨리는 기술로, 정확한 타이밍과 능숙한 라켓 동작을 요구한다. 좋은 드롭샷은 볼이 네트 가까이에 수직으로 떨어지면서 낮고 짧게 바운드되는 것이다. 드롭샷은 상대방의 컨디션이 좋아 다른 샷이 효과가 없고, 상대방의 리듬을 깨고 싶을 경우 간혹 사용한다. 특히, 상대방이 강한 샷을 예측하고 있을 경우 사용하면 매우 효과적이다.

출처: http://www.phosphorart.com/amart-tennis-drop-shot/

그림 7-12. 드롭샷의 단계

드롭샷의 원칙은 상대방이 볼에 접근하기 힘든 지점에 낮게 튀어 오르게 보내야 한다. 그리고 드롭샷은 네트에 가깝게 볼을 치는 것으로 볼에 언더스핀을 주어야 더욱 효과적이다. 이런 드롭샷을 치는 비결 중의 하나는 라켓면을 살짝 오픈하고 볼을 치는 것이다. 그리고 피니시 때 라켓 헤드가 지면과 거의 수평이 되도록 하는 것이다.

제8장. 발리

1. 발리(volley)

발리는 상대방이 쳐 넘긴 볼이 지면에 닿기 전에 볼을 치는 타구 방법으로, 주로 네트 주위에서 많이 이루어진다. 즉 네트 가까운 곳에서 이루어지기 때문에 코스를 겨냥하기만 해도 간단하게 포인트를 얻을 수 있는 것이다. 발리를 하는 위치는 뒤에서 스트로크를 할 때보다 상대방과의 거리가 가까우므로 볼이 오는 방향에 대한 빠른 판단과 반구에 필요한 간결하고 효과적인 풋워크가 요구된다. 또 라켓은 볼이 어디로 와도 대응할 수 있도록 몸의 정면에 두며 이때 라켓 프레임의 아랫부분이 네트높이 정도에 있으면 적당하다. 발리의 그립은 포핸드 발리와 백핸드 발리를 모두 구사할 수 있는 컨티넨탈 그립이 기본이다.

테니스 발리 기술의 핵심을 보면 다음과 같다.

첫째, 잘된 스플릿 스텝이다. 잘 수행된 스플릿 스텝은 플레이어가 어떤 방향의 패싱샷이라도 반응하게 하고, 샷 상황에 적합한 발리 기술로 타구하는 플레이어의 균형을 효과적으로 잡아준다.

둘째, 제시간에 발을 배치하고, 반응하여 발리를 전방으로 나가면서 발리를 하게 한다.

셋째, 공격적인 사고방식이다. 발리 기술은 공격적인 샷이지 푸시나 랠리 샷이 아니다. 포인트는 네트에서 한두 번의 샷으로 끝나야 한다. 패싱샷을 걱정할 필요가 없다.

넷째, 유연한 풋워크이다. 발리 기술에 적합한 풋워크는 포핸드 및 백핸드 발리와 동시에 행해진다. 이때 풋워크는 유연해야 하고, 작고 빠른 스텝으로 이루어진다.

다섯째, 신체를 테니스 발리에 맞추어야 한다. 발리 기술은 손목이나 팔로 치는 샷이 아니다. 낮은 발리는 몸을 낮게 유지하고 라켓 헤드를 위쪽 들어야지 라켓 헤드를 너무 일찍 떨어뜨리면 안된다(그러면 공이 길어지거나 네트에 걸리게 된다).

여섯째, 발리 기술은 강력하고 컴팩트하며 유연하다. 그라운드 스트로크와 마찬가지로 강력하고 컴팩트하며, 유연해야 한다.

훌륭한 발리는 플레이어가 어프로치샷 후 네트에서 포인트를 끝낼 수 있다. 반면에 발리가 약하면 플레이어는 무방비 상태가 되어 상대방에게 곧바로 반구 당할 수 있다.

그림 8-1. 오른발 첫 스텝 포핸드 발리

그림 8-2. 백핸드 발리

1) 백스윙

발리는 발을 앞으로 내딛고 몸 앞에서 치는 것이 기본으로, 상대방과의 거리가 짧아 충분한 시간적 여유가 없으므로 대부분의 경우 백스윙을 짧게 해야 한다. 백핸드 발리의 백스윙 역시 짧게 하는 것이 좋으며, 왼손을 사용하여 백스윙을 하는 것이 좋다. 즉, 왼손으로 라켓을 잡아 당기듯이 하면 오른쪽 어깨가 돌아가 임팩트시 큰 힘을 낼 수 있다. 발리를 할 때는 미리 준비 자세를 취하여 가급적 몸 앞에서 이루어지는 것이 좋고, 앞발을 내디디면서 체중을 이동시키는 것이 바람직하다.

2) 임팩트

발리는 임팩트시 언더스핀이 걸리도록 하기 위해 위에서 아래로 스윙을 한다. 발리하는 위치가 네트에 가까운 경우에는 충격적인 힘을 가할 수도 있고, 볼에 각도를 줄 수가 있어 효과적이지만, 네트에서 먼 위치에서 볼을 잡으면 칠 수 있는 코스가 뻔하게 된다. 정확하게 임팩트 할 수 없는 것은 준비동작이나 볼에 대한 예측이 늦기 때문이다. 따라서 상대방이 볼을 친 순간에 볼의 속도, 고저, 회전 등의 상황을 정확하게 판단하는 것이 임팩트시에 중요하다. 발리의 타점은 내딛는 발의 옆, 즉 머리를 몸의 중심으로 볼 때 몸의 앞쪽에서 임팩트해야 하는데, 팔꿈치를 가볍게 구부린 상태에서 가슴 앞에 두면 타점을 앞에서 잡을 수 있다.

타점이 앞에 있으면 3가지 장점이 있는데, 첫째, 임팩트 순간에 힘을 주기가 쉽고, 둘째, 라켓면의 조작을 하기 쉬우며 컨트롤이 좋아진다. 셋째, 타점을 몸 앞에 두면 한눈에 라켓면과 볼 그리고 상대코트를 볼 수 있다. 따라서 볼을 정확하게 치기 위해서는 타점을 앞에 두고 발리를 해야 한다.

3) 팔로우드로

발리의 폴로우드로는 그라운드 스트로크의 팔로우드로에 비하여 짧고 간단하다. 즉 백스윙과 마찬가지로 짧게, 다시 말해, 임팩트에서 아주 약간만 볼을 앞으로 미는 움직임이 있으면 충분하다.

2. 발리의 응용

1) 드롭발리(drop volley)

드롭발리는 볼이 상대방 코트의 네트 가까이에 수직으로 떨어지면서 바운드가 적게 되고 앞으로 나아가지 않게 하는 발리이다. 실패할 경우 상대방에게 역습의 기회를 주게 되므로 고도의 터치 감각과 정교성이 요구된다. 이러한 드롭발리는 실시할 때 상대의 위치를 파악하지 않으면 안 된다. 즉 상대방이 베이스라인 가까이에 있을 때나 상대가 코트 밖으로 쫓겨 나갔을 때 구사하는 것이 효과적이다. 그러나 너무 자주 사용하거나 어설프게 구사하면 상대에게 오히려 역습 당할 수 있기 때문에 충분한 연습으로 감을 익히는 것이 중요하다. 이 감각은 마치 농구에서 패스를 받을 때나 야구에서 볼을 잡을 때 팔이나 글러브를 당기면서 잡는 느낌처럼 라켓으로 볼을 받는 것과 비슷하다. 강한 볼의 페이스를 떨어뜨리기 위해서는 임팩트 순간에 팔과 손목의 힘을 빼야 한다.

드롭발리에서 가장 중요한 것은 라켓면을 잘 조정하는 것이다. 드롭발리의 임팩트는 보통의 발리와 마찬가지로 어깨에서 허리 사이로 하고, 그 이상으로 높거나 낮으면 굳이 드롭발리로 칠 필요 없이 하이 발리나 로 발리로 처리한다. 물론 선수들의 경우는 여러 가지 볼의 구질을 모두 드롭발리로 처리할 수 있지만, 가능하면 볼을 끝까지 잘 볼 수 있는 어깨에서 허리 사이가 적당하다. 또한, 다른 보통의 발리와 마찬가지로 백스윙이 크면 임팩트가 불안정하게 된다. 드롭발리는 일반적으로 포핸드나 백핸드 모두 크로스로 쳐야 한다. 그 이유는 볼이 네트의 가장 낮은 센터를 지나가며, 크로스로 가는 볼에는 회전이 많이 들어가므로 스트레이트 방향보다 효과적이기 때문이다.

그림 8-3. 드롭발리

2) 사이드 발리

사이드 발리는 상대방이 크로스 앵글 샷을 쳤다든지, 패싱샷 등을 깊게 날렸을 때 몸을 던지듯이 하는 발리를 말한다. 볼이 멀다고 팔만 뻗어서 발리를 한다거나, 중심이 한쪽으로

그림 8-4. 포핸드 사이드 발리

그림 8-5. 백핸드 사이드 발리

쏠리면 정확성이 떨어지고 볼을 컨트롤하기가 어려워진다. 따라서 아무리 어려운 볼이 와도 안정된 자세를 갖추는 것이 필요한데, 이 때 교차형 스텝을 이용하면 코트의 수비 폭을 넓힐 수 있을 뿐만 아니라 다음 동작에 민첩하게 대처할 수 있다. 특히 임팩트때 내딛은 발에 체중이 완전히 실려 있어야 하며 발이 지면에서 떨어지지 않아야 볼이 제 방향으로 힘 있게 뻗어갈 수 있다. 사이드 발리의 경우 상대방이 친 볼이 손에 닿지 않을 정도로 날아온다고 해도 그 볼을 받아내기 위해 끝까지 포기하지 않고 첫 발을 내딛으면서 처리하려고 노력하는 것이 중요하다.

3) 하프 발리(half volley)

하프 발리는 네트로 전진하는 도중 발밑으로 떨어지는 볼을 바운드되자마자 치는 타법으로 그라운드 스트로크와 유사한 개념으로 발리라는 이름에 모순이 있으나, 다른 발리와 비슷한 위치에서 행하여지기 때문에 발리의 특수한 경우로 간주되고 그립도 발리 그립과 같다. 컨티넨탈 그립으로 그라운드 스트로크와 같은 형태로 볼을 치기 때문에 까다롭고 감각적으로 쳐야 한다. 타이밍을 조금만 놓쳐도 곧바로 상대의 포인트로 연결될 수 있는 상황에 처하기 쉽다. 하프발리는 서브 앤드 발리를 하거나 코트 중간 지점에서 어프로치샷을 하고 네트로 대시하는 과정에서 빈번하게 일어날 수 있고 특히, 복식경기에서 많이 일어나는데, 하프발리를 상대방의 전위를 의식하면서 처리해야 하기 때문에 더욱 당황하게 된다. 따라서 하프 발리 역시 까다롭고 어려운 샷으로의 중요성을 인식하고 많은 연습시간을 갖는 것이 필요하다. 이것을 실행할 때는 네트로부터의 위치와 볼의 궤적, 스핀, 목표 지점의 거리 및 타구의 강도에 따라 다양하게 라켓 면을 조정해야 한다. 무릎을 볼의 높이와 맞게 낮추고 라켓 헤드의 끝이 라켓을 들고 있는 손목보다 내려가지 않은 지면과 평행한 자세가 필요하다. 이때 손목을 고정시키고 임팩트와 동시에 무릎의 반동작용을 이용하면 리듬을 깨지 않고 힘 있는 하프발리를 구사할 수 있다.

경기 중 작전이나 상황에 따라 하프발리의 스윙 정도를 다르게 해야 하며, 일반적으로 땅에서 볼이 3~4cm 정도 튀어 오른 순간이 가장 적당한 타이밍으로 볼이 바닥에 닿는 소리와 라켓에 임팩트 되는 소리가 '다닥'하는 정도이다.

상대방이 때린 볼의 속도, 타구의 각도에 맞춰 순간적으로 되돌려 보내는 것이므로 양발은 땅 위에 고정시키고, 몸 전체 특히 관절의 유연한 굴곡과 왼손의 위치로 균형을 잡아야 한다. 하프발리는 순간적인 상황에서 수행해야 할 동작이므로 그라운드 스트로크 상황에서처럼 체중을 이동시킬 여유가 없고, 라켓의 백스윙은 발리처럼 아주 짧게 하고 팔로우드로를 통해 볼을 보내야 한다.

그림 8-6. 포핸드 하프 발리

그림 8-7. 백핸드 하프 발리

그림 8-8. 서브 후 낮고 길게 넘어온 볼 하프발리 그리고 스플릿 스텝

4) 하이발리

하이발리는 볼이 머리 높이 정도 왔을 때 구사하는 발리 기술로, 어깨의 힘을 이용해 볼에 파워를 실어주어야 하기 때문에 포핸드 발리는 45도, 백핸드 발리는 90도 정도 라켓을 뒤로 돌려주는 것이 기본이라 할 수 있다. 또한 하이발리는 상대방이 친 볼의 힘을 이용하기 보다는 자신의 힘으로 볼에 파워를 실어 주어야 하기 때문에 임팩트와 동시에 한 발을 앞으로 내딛는 것이 중요하다.

이런 하이발리의 가장 적절한 위치는 볼의 높이와 자신의 위치에 따라 달라지지만 서비스 라인 안쪽의 하이발리는 포인트를 얻을 수 있는 결정 구를 치고, 서비스 라인 뒤쪽의 하이발리는 일단 상대의 코트로 볼을 넘겨주는 연결구를 치는 것이 좋다. 이때 결정발리는 내딛는 발에 힘 있고 짧게 무게중심을 옮겨야 하며, 반대로 연결발리는 내딛는 발의 타이밍을 길게 가져가고 스윙을 전체적으로 길게 해야 한다.

한편, 경기상황에서 바람이 불 때는 스매시의 타점을 정확히 잡기 어려우므로 하이발리로 연결구를 보내고 상대의 볼이 짧아지기를 기다리는 것도 필요하다.

그림 8-9. 포핸드 하이 발리

그림 8-10. 백핸드 하이발리

5) 로우 발리

테니스 발리 중 무릎 아래에서 임팩트가 이루어지는 로우 발리는 네트 플레이를 위해서는 꼭 습득해야 하는 어려운 기술 중의 하나이다. 대부분 어프로치샷이나 서브 앤드 발리 후 네트 대시의 착지 상황에서 로우 발리를 하게 되는데 이 샷을 원하는 곳에 원하는 스피드로 보낼 수 있다면 거의 득점과 연결시킬 수 있기 때문에 매우 중요하다. 모든 발리가 그렇지만 특히 로우 발리는 스텝과 임팩트가 매우 중요하다. 포핸드 로우 발리의 경우 왼발, 백핸드 로우 발리의 경우 오른발을 멀리 디딘 후 무릎과 몸을 볼보다 낮춘다는 이미지로 볼을 잡아야 한다. 발을 내딛어 임팩트 면을 만듦과 동시에 볼의 정면을 친 후 팔 전체를 이용하여 라켓을 집어넣어 준다는 기분으로 한다. 이때 손목을 고정시키지 않아 라켓헤드가 밑으로 쳐지게 되면 스피드 있는 발리를 하기 어렵고 볼이 뜨게 되어 상대방에게 찬스를 주게 되므로 손목을 고정시키기 위해 노력해야 한다. 또한 네트와의 거리에 상관없이 똑같은 라켓면을 유지하게 되면 볼이 네트에 걸리기 쉬우므로, 네트와의 거리가 가까울수록 라켓면을 오픈시켜야 한다.

복식경기는 네트 플레이가 많이 이루어지기 때문에 로우 발리는 필수적이며, 첫 발리로서 로우 발리는 기본적으로 볼이 온 방향으로 길게 되돌려 보내는 것이 좋다.

그림 8-11. 포핸드 로우 발리

그림 8-12. 백핸드 오픈 로우 발리

그림 8-13. 백핸드 클로즈드 로우 발리

6) 몸쪽으로 오는 볼 발리

몸쪽 즉 몸 중앙으로 오는 발리는 백핸드 발리를 하는 것이 라켓과 신체구조상 적합하다. 스윙궤도를 바깥쪽에서 안쪽으로 들어오는 아웃인 스윙으로 팔꿈치를 당기면 된다. 어쩔수 없이 포핸드 발리를 해야 할 경우 왼발을 옆으로 슬쩍 빼는 것과 동시에 오른쪽으로 몸을 돌려야 좋은 발리를 할 수 있는 충분한 공간이 만들어 진다. 몸쪽 발리의 과정은 그림 8-14, 15와 같다.

그림 8-14. 포핸드 몸쪽 발리

그림 8-15. 백핸드 몸쪽 발리

7) 포칭

복식에서 전위의 포치시도는 상대방에게 심적 부담을 주어 어이없는 리턴 에러를 유발할 수 있다. 공격적인 테니스를 하려면 포치에 대한 실수를 두려워 하지말고 자신있게 포치를 시도해야 한다.

첫째, 포치하는 타이밍은 상대방이 테이크백을 시작한 순간으로 보고 움직이는 것이 적당하다. 이때 전위는 앞발에 체중을 두고 뒤꿈치를 약간 들고 볼의 움직임을 주시해야 한다. 또한 상대방 전위의 움직임도 주시하는 것이 좋다.

둘째, 빠른 볼에 대한 리턴은 정확한 면을 만들어 블록하고 상대의 빈곳을 노린다. 이때 볼이 라켓에 맞는 순간 손목에 힘을 주고 있어야 한다.

포치의 주요 포인트 다음과 같다.

(1) 포치는 테이크백을 작게 하고 라켓면이 너무 열리지 않도록 한다. 즉, 라켓면을 일정하게 유지하고 치는 것이 중요하다.
(2) 포치에서 라켓은 위에서 아래로 가져가야 한다. 이때 네트에 걸리는 실수를 줄이기 위해서는 테이크백의 단계에서 라켓면을 어깨보다 높은 위치에 둔다.
(3) 포치는 옆이 아니라 대각선 앞으로 대시하는 것이 좋다. 이렇게 하면 날아오는 볼과의 거리가 짧아져 타이밍 잡기가 쉬워진다.
(4) 포치의 목표는 상대방의 크로스 볼이다. 상대 후위가 센터에서 치는 볼은 대부분 크로스로 온다. 반대로 상대가 사이드에서 치는 볼은 스트레이트로 오기 쉽기 때문에 포치

보다는 스트레이트를 지키는 것이 좋다. 또 상대가 앞으로 나오면서 칠 때는 강한 패싱 샷일 가능성이 높기 때문에 포치를 시도하지 않는다.

(5) 포치 목표 지점은 센터나 상대 전위의 발쪽이 가장 좋다. 센터는 센터라인이 아니라 전위와 후위 사이를 의미한다. 단, 전위의 발을 겨냥할 때에는 다음 볼이 되돌아올 것을 염두에 두고 플레이한다.

(6) 포치를 할 때에는 다음 포지션을 준비한다.
포치를 센터 또는 상대 전위의 발쪽으로 한 경우, 포치를 한 바로 그 장소에 그대로 머물러 있으면 좋다. 그렇게 하면 상대의 리턴 코스를 좁힐 수 있다.

(7) 복식은 두 사람이 플레이하는 것이고 무엇보다도 콤비네이션이 중요하다. 포치를 한 전위가 센터라인을 넘으면 사이드 체인지를 한다.

(8) 포치는 전위가 하는 것이지만 포치를 쉽게 하도록 만드는 것은 후위의 역할이다.
전위가 포치 나가기 쉬운 볼을 만드는 것은 후위의 역할로 상대 후위에게 크로스의 볼을 치게 하는 것이 기본이다. 상대에게 크로스 볼을 치게 하려면 서브는 센터로 넣는다.

(9) 스트로크 랠리 중 베이스라인 부근까지 날아가는 깊고 높게 바운드 되는 볼을 치면 상대의 리턴은 약하게 돌아올 가능성이 높다. 상대로부터 위력이 없는 약간 즌 볼이 오면 포치의 찬스다.

(10) 포치를 시도할 상황은 게임의 첫 포인트나 40-30, 듀스 등 게임이 치열할 때가 좋다.

그림 8-16. 센터로 오는 볼 포핸드발리 포칭

그림 8-17. 센터로 다가오는 볼 백핸드발리 포칭

7) 드라이브 발리

드라이브 발리란 바운드 되기전에 포핸드 톱스핀 스트로크를 치는 원리와 같다. 볼을 히팅하게 되면 강하면서도 안전하게 상대방을 제압 할 수 있는 무기이다. 최근에 여자선수들이 네트앞 서비스라인에서 많이 사용하는데, 상대방이 타구한 낮은 로빙성 볼을 어깨에서 허리 정도 높이에서 드라이브 발리로 타구하는 것이다.

드라이브 발리를 위한 주요 포인트는 다음과 같다.

(1) 그립을 빨리 바꾸어야 한다.
(2) 어깨 회전으로만 테이크 백을 빠르고 간결하게 해야 한다.
(3) 스탠스를 안정되게 만들어야 한다.
(4) 임팩트 되는 순간 되도록 볼을 앞에 놓고 라켓 면에 오래 머무르도록 집중한다.
(5) 팔로우 드로 할 때 스윙을 빠르게 한다.
(6) 백핸드 드라이브 발리는 스핀을 많이 걸어 준다.

그림 8-18. 서브후 네트 대시 스플릿 스텝하고 드라이브 발리

제9장. 스매시와 로브

1. 스매시(smash)

스매시는 테니스 경기에서 가장 공격적인 샷으로, 머리 위에 높이 뜬 볼을 강하게 치거나 각도를 주어 치는 등 포인트를 마무리 지을 수 있는 결정타이며, 게임의 흐름을 본인에게 유리하게 이끌 수 있는 중요한 샷이다.

상대방이 로브를 올리면 서브의 백스윙과는 달리 준비자세에서 상반신을 회전하며 라켓을 쥔 오른손의 상완을 어깨선과 거의 일직선인 수평으로 뒤로 빼는 짧고 간결한 백스윙을 해야 한다. 이와 같이 스매시는 상대방의 로브 볼을 인지함과 동시에 몸통을 옆으로 돌린 상태에서 사이드 스텝이나 크로스 스텝을 사용하여 볼의 낙하지점으로 이동하여 스윙할 준비를 한다. 체중은 뒷발에 이동시키고 라켓을 잡지 않은 왼팔의 팔꿈치로 볼을 추적함으로써 어깨가 더 많이 돌아가도록 도와야 한다. 그리고 라켓을 든 팔의 어깨는 힘을 빼고, 타점을 오른쪽 어깨와 나란한 선인 1시 방향으로 두고, 몸통을 회전하며 라켓을 위를 향해 멀리 던진다는 느낌으로 좀 더 네트 쪽 앞에서 임팩트 한다. 이때 볼을 위쪽으로 치면서 턱은 높이 든 채 떨어뜨리지 말고 스윙을 부드럽고 연속적으로 이루어지도록 노력해야 한다. 즉, 임팩트 후에도 시선은 약 1~2초 정도 볼과 라켓이 접촉되던 지점을 보고 있다는 느낌으로 스매시할 때 실수를 줄일 수 있다. 그리고 팔로우드로는 임팩트 후 볼이 진행하는 방향으로 가볍게 눌러 준다.

테니스 스매시의 종류에는 일반 스매시, 점프 스매시, 그라운드 스매시, 백핸드 스매시가 있으며, 그립은 발리나 서브 그립과 마찬가지로 컨티넨탈 그립이나 이스턴 포핸드 그립이 많이 이용된다.

일반 스매시는 상대방이 로브를 올렸을 때 볼이 서비스 라인 정도에 떨어지는 가장 쉽고 편하게 칠 수 있는 샷이며, 점프 스매시는 상대방이 로브를 올렸을 때 볼이 서비스 라인과 베이스 라인 사이에 떨어지며 머리 뒤로 넘어가는 볼을 점프하여 치는 샷이다. 또한 그라운드 스매시는 상대방이 올린 로브가 너무 높이 떠서 타이밍을 맞추기 어려울 때나 베이스 라인 근처에 수직으로 떨어질 때 볼은 바운드를 시켜 서브하는 것처럼 안정적으로 치는 샷이며, 백핸드 스매시는 복식 게임에서 전위의 왼어깨쪽으로 로브볼이 왔을 때 치는 가장 어려운 샷으로 타이밍에 의존하기 때문에 정확성이 더 중요하며, 또한 결정구로 사용하기 보다는 다음 단계의 찬스볼을 유도 할 수 있도록 상대방코트에 깊게 보내는 것이 중요하다.

그림 9-1. 일반 스매시

그림 9-2. 투 백스텝 스매시

그림 9-3. 점프 스매시

그림 9-4. 백핸드 스매시

2. 로브(lob)

로브는 볼을 상대의 코트로 높고 깊숙히 밀어 넣는 것을 목표로 하는 유용한 샷이다. 상대방의 키를 넘겨 뒤로 높게 볼을 보내는 기술로, 소극적인 기술로 보이지만 시합에서는 매우 중요한 샷이다. 특히, 상대방이 네트에 있을 때 가장 효과가 좋다. 적절하게 잘 구사된 로브는 상대방의 네트 플레이를 막을 수 있고, 스트로크 상황에서도 상대방의 리듬을 깰 수 있다. 상대방에게 로브를 구사 능력은 네트 플레이를 하는 상대방에게 좌우의 패싱샷과 로브 등 3가지의 가능성을 방어하게 하기 때문에 경기 운영에 매우 효과적이다.

1) 로브의 종류

로브는 전술적 기준에 따라 공격 로브와 수비 로브, 볼의 회전 기준에 따라 플랫 로브, 슬라이스 로브, 톱스핀 로브 등으로 나눌 수 있다. 또한 로브를 띄우는 타점 높이에 따라 낮은 타점의 로브와 높은 타점의 로브가 있으므로 상황에 따라 적절하게 사용하는 것이 필요하다.

(1) 공격 로브와 수비 로브

공격 로브는 로빙 방법에 관계없이 공격의 수단으로 로브를 띄워 상대방의 머리 위로 볼을 넘기는 것을 말하며, 수비 로브는 시간적 여유를 얻기 위한 수단으로서, 로브를 하여 상대방에게 스매시하게 만드는 것을 말한다.

(2) 플랫 로브, 슬라이스 로브 및 톱스핀 로브

① 플랫 로브

플랫 로브는 라켓면을 약간 위로 향하게 하여 아래에서부터 위로 비스듬히 볼을 밀어 올려 스윙하고, 중간 정도로 볼을 올린다는 기분으로 친다.

그림 9-5. 노바운드 플랫 로브

② 슬라이스 로브

슬라이스 로브는 완전한 자세로 스윙을 할 수 없을 때 사용하는 것으로, 플랫로브의 경우보다 라켓 면을 열어 수평에 가깝게 스윙하여 볼을 보낸다는 느낌으로 친다. 슬라이스성으로 로브된 볼은 정점에서부터 속도가 떨어지기 때문에 플랫 로브보다도 높이 쳐야 한다. 공격 로브로 사용할 경우에는 한 발을 앞으로 내밀면서 친다. 이렇게 하면 빠른 타이밍으로 칠 수 있다.

그림 9-6. 슬라이스 로브

③ 톱스핀 로브

톱스핀 로브는 볼의 궤적이 급변하고, 바운드 후에 볼이 빠르게 이동하므로 공격 로빙 방법으로 자주 이용되는 기술이다. 톱스핀 로브는 라켓 면을 아래에서 위로 예리하게 휘두르며 볼에 강한 회전을 주는데, 그립은 웨스턴 그립이나 세미 웨스턴이 편하다. 볼의 궤도는 정점에서 급격히 떨어지므로 높이 쳐 올려도 코트 안에 떨어뜨릴 수 있다. 톱스핀 로브는 체중을 뒷발에 두고 위로 스윙을 크게 하며, 이 때 오른쪽 어깨를 축으로 하여 팔꿈치를 높게 올려야 공격적인 로브를 구사할 수 있다.

공격적인 톱스핀 로브를 치기 위해서는 패싱샷으로 타구하는 것처럼 셋업하고, 얼굴에 보이는 것조차도 상대방에게 다음 볼을 강타하려는 신호를 보내야 한다.

톱스핀의 공격 로브로 공격하려면 아주 빠른 라켓 속도로 볼 아래에서 날카롭게 쳐 올려야 한다. 볼이 떨어지는 곳을 생각하는 것보다 올바른 높이를 목표로 하는 것이 좋다.

그림 9-7. 포핸드 톱스핀 로브

그림 9-8. 백핸드 톱스핀 로브

(3) 낮은 타점의 로브와 높은 타점의 로브

그림 9-9. 포핸드 낮은 타점과 높은 타점 로브

그림 9-10. 백핸드 낮은 타점과 높은 타점 로브

2) 로브의 높이

로브의 높이는 다음 3가지 변수에 의해 결정된다.

- 라켓면이 하늘을 향해 열린 각도
- 아래에서 위로 올려치는 각도
- 라켓의 스윙 속도

3) 로브의 장점

플레이 수준이 높아질수록 사람들은 로브를 약점으로 생각하기 쉬우나 절대 그렇지 않다. 오히려 로브는 다음과 같은 장점이 있다.

(1) 랠리의 속도를 바꿀 수 있어 상대방의 리듬을 깨뜨릴 수 있다.

(2) 코트 밖으로 쫓겨난 상황에서 로브를 사용하여 정상적인 수비 위치로 돌아와 자리 잡을 수 있는 시간을 벌 수 있다.

(3) 상대방을 네트에서 물러나게 할 수 있으며 반대로 네트를 점령할 수 있다.
(4) 상대방을 네트에서 베이스라인까지 물러나 스매싱이나 랠리를 강요하여 체력적으로 지치게 만들 수 있다.
(5) 매치 포인트 등 압박 상황에서 상대방에게 로브를 띄우면 상대방을 긴장케 하고 위축시키며, 스매시 실수에 대한 엄청난 자책감을 유발 시킬 수 있다.

4) 로브의 주요 포인트

복식 경기에서는 상대방이 모두 네트로 전진해 있을 때 예기치 않은 로브를 구사하면 상대 진형을 무너뜨리고 형세를 역전시킬 계기를 만들어 준다. 로브가 성공적으로 되면 빨리 네트로 다가가 공격으로 전환하고, 이 때 네트에 너무 다가서면 역으로 상대방에게 로브를 허용하게 되므로 서비스 라인의 약간 안쪽에서 상대방을 관찰하고 준비한다. 이러한 로브 기술을 성공시키기 위한 주요 포인트는 다음과 같다.

(1) 로브를 띄울 때 햇빛(또는 실내 코트는 라이트)을 이용해라.
(2) 항상 바람이 불고 있는 방향을 알아내라. 워밍업을 이용하여 바람을 테스트하고 풍향을 나타내는 깃발을 등을 찾아라.
(3) 워밍업시 상대방에게 로브의 전체 레퍼토리를 보여주지 마라.
(4) 로브 연습을 게을리 하지 마라.
(5) 베이스 라인에서 와이드 지역을 커버할 때 매우 높은 일직선의 로브를 해라.
(6) 긴 로브를 잡아내려고 달려갈 경우 볼의 측면으로 달려가라.
(7) 베이스 라인 코너 쪽에서 로브를 해야 할 경우 대각선 방향으로 띄워라.
(8) 상대방이 스매시하기 어려운 백핸드 쪽으로 볼을 올려라.
(9) 로브의 목표 지점은 베이스 라인 안쪽 1.5m 이내이다.

제10장. 테니스의 상해

우리가 테니스를 하는 이유는 건강을 지키기 위해서, 경쟁적인 플레이를 위해서 등 다양하다. 테니스의 기본 동작 자체가 하체에 무게 중심을 두는 형태로, 코트 위를 이동하는 과정에서 자연스럽게 상·하체를 모두 사용하게 된다. 볼을 치기 위해서 코트를 뛰어다니기 때문에 유산소 운동의 효과가 뛰어나 심장과 혈관계통의 기능을 향상시킬 뿐만 아니라 라켓으로 볼을 쳐내는 과정에서 근육을 많이 사용하기 때문에 근력 운동의 효과도 있다. 또한 순간순간 방향을 전환해야 하기 때문에 균형 감각을 기르기 좋고 이동할 곳을 판단하는 과정에서 판단력도 키울 수 있다. 그리고 상대의 움직임, 볼의 이동 방향 등을 꾸준히 관찰해야 하기 때문에 집중력 향상에도 효과적이다. 이렇게 장점이 많은 운동이지만 반복적인 많은 동작을 계속 수행하기 때문에 항상 상해의 위험성을 가지고 있으며, 기술부족과 훈련 부족, 과도한 훈련에 의한 과로, 지나친 긴장, 주의력 부족, 준비운동의 부족, 시설 및 환경의 결함 등에 의해서도 발생할 수 있다.

그림 10-1. 테니스 경기중 넘어짐

1. 테니스 엘보

1) 원인과 증상

테니스 엘보는 팔꿈치 바깥쪽 압통과 운동통을 유발하는 손목 신전근 건의 손상으로 외측상과염이라고도 부른다. 1873년 독일의 룽에(Runge)에 의해 처음 보고되었던 질환으로 정식 명칭은 '외상과염(Lateral Epicondylitis: 외상과는 팔꿈치 위쪽에 불룩 튀어나온 부위를 뜻한다)' 이다. 테니스 선수들에게 많이 발생되기 때문에 이와 같은 용어가 붙여진 것으로 안다.

테니스 엘보의 원인은 주로 손목을 과신전한 상태에서 백핸드 스트로크를 시도 할 때 팔꿈치 외측 상과에 붙어 있는 요측수근신근에 반복적인 미세한 손상이 원인이다. 이러한 미세파열은 분명히 볼과 라켓이 맞을 때 생기는 많은 진동이 팔에 자극을 주기 때문에 생긴다. 참고로 팔꿈치 안쪽의 내측상과에 생기는 통증은 골프를 칠 때 많이 일어난다고 해서 골프엘보라고 부르며 테니스 엘보에 비해 유병율이 매우 낮다.

테니스 엘보의 증상은 심한 통증으로, 보통 팔꿈치 부근이 아프기 시작하며, 팔을 사용하면 더욱 증가한다. 2~3일 쉬면 통증이 가라앉는 수도 있지만, 계속적으로 팔을 사용하면 통증이 더욱 심해 전완의 근육이 부착되는 팔꿈치 관절의 바깥뿐만 아니라 팔꿈치 부근의 조직을 만지기만 해도 통증이 온다. 사태가 정말 악화되면 악수조차도 힘들게 되며 양치질, 도어의 손잡이를 돌리기도 힘들게 된다. 물론 라켓으로 볼을 칠 때도 통증이 오며, 특히 라켓중앙에 볼을 맞추지 못했을 때 더욱 심하다.

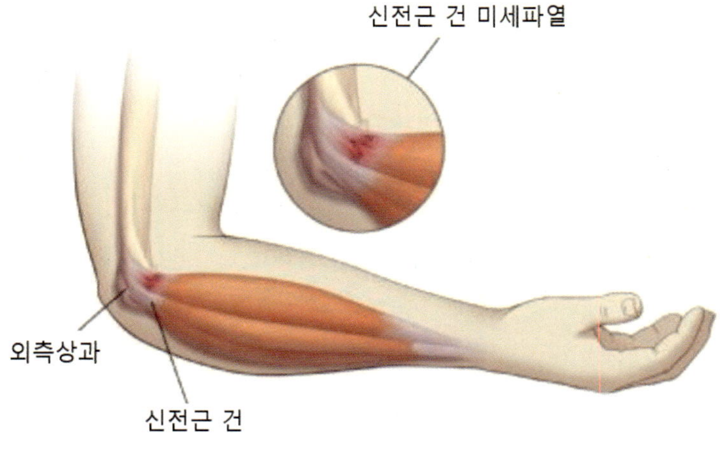

출처: https://www.md-health.com/Tennis-Elbow.html

그림 10-2. 테니스 엘보

2) 치료와 예방방법

치료법으로 우선은 휴식이 제일이고, 냉찜질, 진통소염제 복용, 아픈 부위에 스테로이드 주사 맞는 법, 압박 보조기구 착용 등을 이용한다. 또한 테니스 외측 상과염은 수술적 치료보다는 보전적 치료를 선호하며 요측수근신근의 부담을 줄이기 위해 전완의 엘보 주위에 스트렙이나 테이핑 요법, 근육강화 등이 예방법으로 사용되고 있다.

(1) 보호대 착용

보호대가 팔꿈치 근육을 잡아주는 역할을 하기 때문에 근육에 무리가 가는 것을 예방해준다.

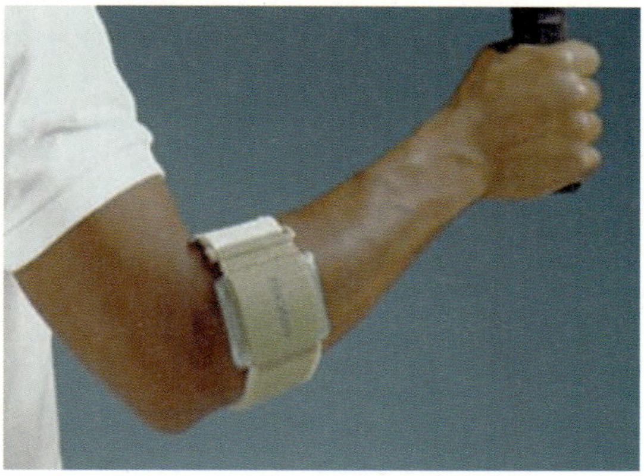

그림 10-3. 보호대 착용

(2) 근육강화운동

테니스 엘보의 근본적인 원인은 근육의 과사용이다. 엘보를 원천적으로 예방하는 방법은 사용하는 근육을 발달시키는 것이다.

① 손목 들어올리기: 가벼운 아령(1-2 kg)을 손에 쥐고 팔을 편하게 높은 상태에서 손목을 아래위로 움직인다. 하루 1세트 당 10회, 하루 3세트 반복

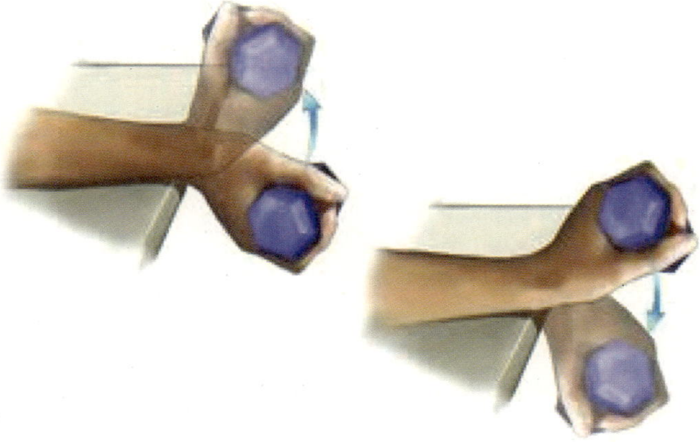

출처: http://evolvedmma.com/mma-training/wrist-exercises-for-mma/

그림 10-4. 손목 들어올리기

② 전완근 스트레칭

전완근을 스트레칭 시켜주는 동작이다. 팔을 지면과 평행하게 들어준 상태에서 손을 몸쪽으로 천천히 당겨준다. 30초간 유지, 하루에 2번 반복

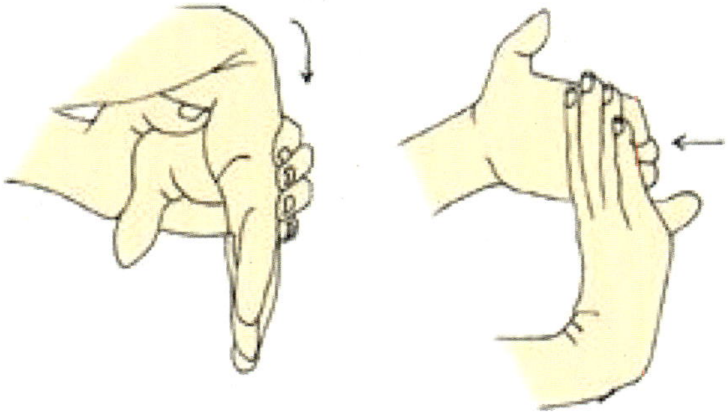

출처: https://www.drfoot.co.uk/wrist_pain/Wrist%20Tendonitis.htm

그림 10-5. 전완근 스트레칭

③ 삼두근 스트레칭

삼두근을 스트레칭 시켜주는 동작으로 한쪽 팔을 머리 뒤로 넘기고 다른 쪽 손으로 팔 부분을 당겨 스트레칭 한다. 30초간 유지, 하루 3번 반복

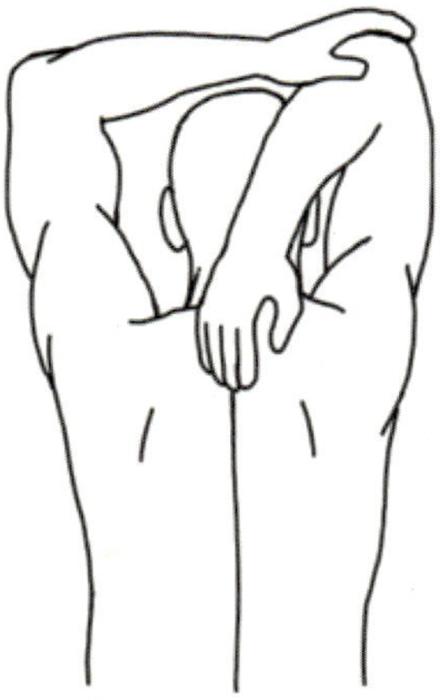

출처: http://www.therapyexcel.com/shoulder-pain/

그림 10-6. 삼두근 스트레칭

④ 스텐딩 해머컬

팔이 감당할 수 있을 만한 무게의 덤벨을 한손으로 잡고 팔의 힘만을 이용해서 몸쪽으로 팔이 90도가 되도록 당겨 올린다. 1세트 당 10회, 하루 3세트 반복

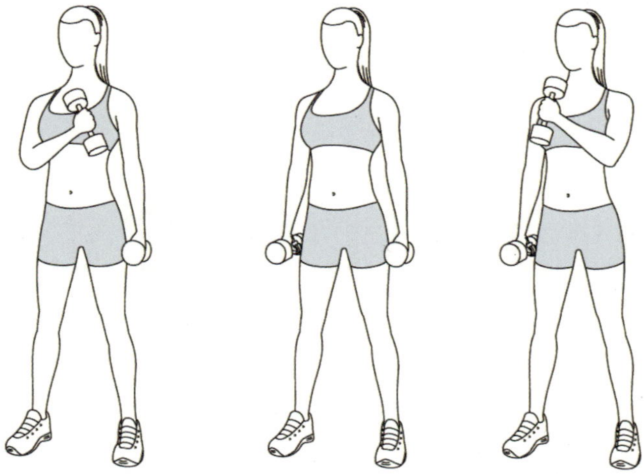

출처: https://www.spotebi.com/exercise-guide/biceps-exercises/

그림 10-7. 스탠딩 해머컬

⑤ 전완근 회전운동

의자에 앉아 가벼운 덤벨을 양손에 쥐고 몸 안쪽으로, 몸 바깥쪽으로 회전시킨다. 1세트 당 10회, 하루 3세트 반복

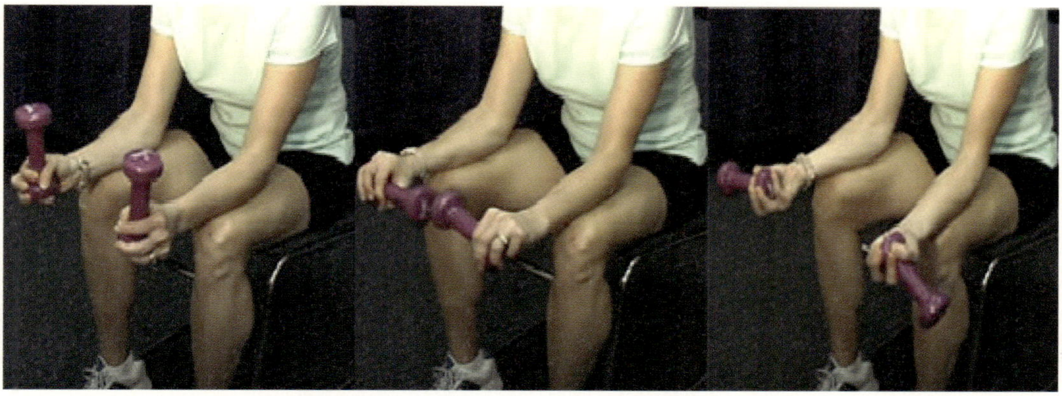

출처: https://www.newhealthguide.org/Exercises-for-Tennis-Elbow.html

그림 10-8. 전완 회내와 회외 운동

2. 어깨 통증

1) 원인과 증상

어깨는 어깨 관절을 포함하는 관절, 주변의 인대, 근육, 근육과 인대 사이에 있는 활액낭, 어깨에 분포하는 신경 등으로 이루어져 있는데, 이들 구조물에 발생한 통증을 말한다. 다시 말해 어깨 통증이란, 관절에 발생한 퇴행성 질환, 관절염 등을 포함하여, 인대가 찢어지거나 손상된 경우, 근육의 파열, 근육에 발생한 근근막 통증 증후군, 활액낭의 염증과 팽창, 주변 구조물에 의한 신경 눌림, 신경 손상 등과 관련하여 발생하는 어깨 부위 통증을 말한다.

한편, 회전근개(rotator cuff)란 어깨 관절 주위를 덮고 있는 4개의 근육인 극상근(supraspinatus), 극하근(infraspinatus), 견갑하근(subscapularis), 소원근(teres minor)을 말하는데, 이 4개의 근육은 어깨 관절의 회전운동 및 안정성을 유지해주는 중요한 역할을 한다. 그런데 이들 4개의 근육 가운데 하나 또는 그 이상이 파열되어 팔과 어깨에 통증을 발생시키는 질환이 바로 회전근개 파열이다. 회전근개의 손상은 어깨 관절에 발생하는 만성 통증의 가장 흔한 원인이다.

원인은 퇴행성으로 인한 파열, 격렬한 운동, 어깨관련 힘줄 사이의 자극 및 염증으로 인한 손상, 외상으로 발생하며, 또한 추운날씨에 관절과 근육의 경직으로도 발생할 수 있다.

증상은 어깨의 통증이며 근력약화, 어깨 결림, 삐걱거리는 소리, 운동범위 감소 등이 동반된다. 흔히 팔을 위로 들어 올릴 때 통증이 심해지며, 몸을 바로 세우면 통증이 감소하고 누운 자세에서는 통증이 심해져 통증이 있는 쪽으로 돌아누워서 잠을 잘 수 없으므로 수면장애를 호소하기도 한다.

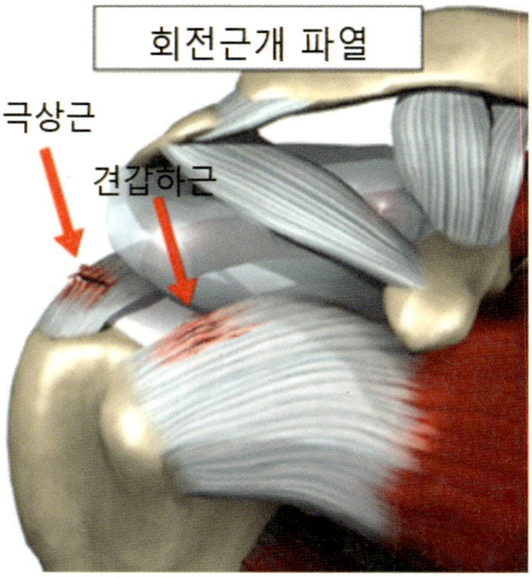

출처: https://stemcelldoc.wordpress.com/category/upper-extremity/shoulder/

그림 10-9. 어깨 회전근개 파열

어깨의 관절 운동 제한은 뚜렷하지 않으나 운동 제한이 있을 경우, 어깨의 수동적 관절운동은 정상이지만 능동적 관절운동은 제한된다. 또한 팔을 들어 올릴 때 어깨 꼭대기에서 삐걱거리는 느낌을 느낄 수 있다. 또한 회전근개가 완전히 파열되었을 경우 팔을 들어서 지면과 평행이 되도록 하는 자세를 유지하지 못한다.

2) 치료와 대책

회전근개의 염증 또는 부분파열의 경우 약물치료 및 운동치료를 통해 회복이 가능하지만 초기보다 통증이 심한 경우 인대강화 주사, 수술요법 등이 필요할 수도 있다.

한편, 어깨관련 운동으로서 정상적인 관절 운동범위에서 부드럽고 천천히 스트레칭을 해주는 것이 좋다. 즉 관절 운동범위 내에서 천천히 스트레칭을 시작하여 통증이 있기 전 범위까지 10초 정도 멈추고 유지하는 것을 10~15회 정도 3세트 실시한다. 그리고 어느 정도 통증이 감소하면 회전근개 근력 강화운동을 통해 어깨를 안정화시켜야 한다.

3. 손목 통증

1) 원인과 증상

라켓을 강하게 쥐고 볼을 때리면 수관절에 통증이 나타나는 수가 있다. 그 한 예로 건소염이 있다. 수관절을 굴곡시키는 근육, 특히 새끼 손가락 쪽에 있는 근육인 척측수 근굴근에 건소염이 발생하기 쉽다. 수관절을 강하게 구부리면 아픔이 심해지고, 그 근육에 따라서 수관절에서부터 팔꿈치 쪽까지 아픔을 느끼게 되지만 붓는 증세는 별로 없다.

2) 치료와 대책

치료는 냉습포로써 염증을 빨리 제거하거나 수관절 포대로써 확실하게 고정하는 방법이 좋다. 때로는 국소에 황염증제의 주사를 놓으면 좋다. 수관절 뒤쪽에 손가락을 펴게 하는 총지신근건에 건소염이 일어나는 것이 있다. 이 경우는 전완의 근육까지 아픔이 울리고 강하게 쥐면 더 아프다. 손가락의 굴신으로써 삐직삐직하는 소리가 나는 경우도 있다. 치료는 척측수근굴근의 건소염과 똑같다. 수관절 뒤쪽에 결절종이 생기기 때문에 아픈 때도 있다. 흔히 연골이 생겼다고 말하기도 한다. 왜냐하면 구상의 작은 부기가 생겨 꽤 딱딱해지기 때문이며, 실제로 연골은 아니고 관절에 가는 가지로서 일렬로 나란히 된 대상의 것으로써 힘을 꽂으면 제리액이 재취되고 부기가 가라 앉는다. 그러나 2~3일 후 다시 똑같이 붓는다. 아픔이 없으면 방치해 두어도 좋지만 증상이 심할 경우에는 수술로써 고치는 것이 현명하다. 간혹 손목에 무리한 반복적인 충격은 물혹이 생기게 하는데 테니스를 일시 중단하면 호전되며 심한 경우에는 수술로 제거하나 그 수술의 정도가 아주 간단한 수준으로 쉽게 제거할 수 있다.

4. 무릎 통증

1) 원인과 증상

무릎 통증의 원인으로는 무릎 반월판 손상과 무릎 인대의 염증의 두 가지가 주된 것이다. 무릎 반월판 손상은 1번의 상해에 의해서도 일어날 수 있지만 외상없이 조금씩 증상이 나타나는 예도 있다. 무릎을 가볍게 구부린 위치에서 전도 등으로써 뒤틀림이 가해져 반월판을 아프게 한다. 반월판은 무릎의 내측, 외측의 양쪽에 있다. 대개 내측의 쪽이 다치기 쉽다. 증상으로는 계단 오르내리기에서의 아픔, 무릎을 구부려 체중을 걸었을 때의 아픔, 무릎이 어긋나는 느낌, 힘이 빠지는 느낌, 무릎에 때때로 물이 고이는 것 등이다.

무릎인대염은 무릎을 구부려서 힘을 넣을 때에 긴장하는 인대의 일종의 과로성의 염증이다. 자극이 가해져 부담이 생기기 때문이다. 점프, 스타트, 대시, 무릎을 구부려서 강하게 신전시키는 동작이 원인이 된다. 그 외에 그라운드의 딱딱함, 과로, 대퇴사두근의 근력이 약한 것도 원인이 된다. 무릎인대의 손상은 넘어질 당시 무릎이 꺽이면서 "뚝"하고 소리가 들리는 경우가 많으며 무릎의 안쪽에서 통증이 느껴지며 걸을 수 없거나 걷더라도 무릎이 휘청거리는 느낌을 갖게 된다.

2) 치료와 대책

증상이 심할 때는 안정이 필요하지만 가벼운 연습을 계속하면서 치료하는 방법이 좋다. 예를 들면 무릎의 강한 굴곡, 점프, 대시 등을 제한하고 대퇴사두근의 강화를 꾀하면서 치료하는 쪽이 그대로 안정하는 것 보다는 빨리 낫는다. 국소에 대해서는 맛사지나 덥게 하는 것과 항염증제를 주사하면 효과가 있다. 반월판 손상의 최종 치료는 수술에 의해서 단열된 반월판을 잘라내는 것이다. 그러나 그 진단을 확정하는 것은 대단히 어렵다. 반월한 손상이 의심될 때는 대퇴사두근의 근력을 강하게 해서 무릎에 주어지는 부담을 조금이라도 부드럽게 하는 방향으로 징조를 살피는 것도 좋다. 또한 무릎관절의 연골조직이 경기 중 급출발이나 급정지, 점프 등 외부의 계속적인 충격에 마모되는 연골조직의 손상이 있으며 재생되지 않으며 심한 경우에 인조연골을 삽입하는 수술을 받아야함으로 주의하여야 하며, 하드 코트보다는 클레이 코트가 무릎에 충격을 줄여주며 큰 걸음보다는 작은 종종걸음이 충격을 줄여준다.

5. 발목 염좌

1) 원인과 증상

발목 부상은 테니스처럼 런닝이나 점프가 많은 종목에서 경기 중 찾아오는 흔한 부상이다. 흔히 우리는 '삐었다, 접질렀다'라고 하는 것이 외측 인대에 손상을 의미하며 부상의 정도가 가벼운 인대의 찢어짐과 심한 경우 인대의 끊어짐을 말하는데 의학적으로 염좌(Sprain) 혹은 인대 파열이라고 한다. 스포츠 외상 가운데에서도 염좌는 일반적이고, 테니스에서는 넘어져서 족관절이나 무릎관절에 염좌를 일으키는 예가 많다.

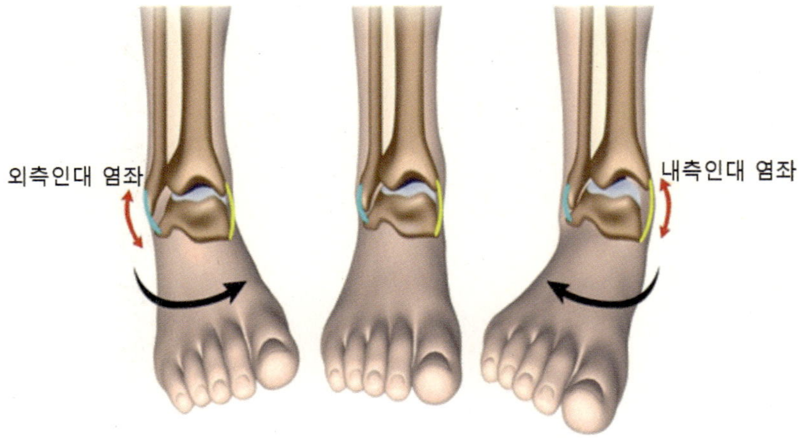

출처: https://www.roslynphysio.co.nz/articles/article/33/Sprained-Ankle

그림 10-10. 발목의 외측인대와 내측인대 염좌

2) 치료와 대책

한번에 크게 접질린 급성 손상의 치료법으로 냉각요법이 효과적이다. 이는 부종을 줄이는데 탁월한 효과를 나타내며 냉각요법으로 부종을 예방하는 것은 나중에 회복속도나 치료결과에 차이를 가져온다. 방법으로는 얼음 마사지(5~7분정도)/ 얼음 주머니(cold pack 20∼30분정도)/ 냉압박 붕대(cryocuff 15∼20분정도)를 착용한다. 만성 근육통증의 경우 스프레이와 스트레치 방법으로 좋은 효과를 거둘 수 있다.

경증에서 인대는 거의 끊어지지 않기 때문에 반창고나 포대로써 고정시키는 정도면 괜찮으며 비교적 빨리 낫는다. 그러나 중증의 경우는 인대는 완전히 끊어지고 관절 엇갈림이 생겨서 수술이 필요하고 기브스 등으로 고정시켜야 한다. 그러나 인대의 손상만이 아니고 피하조직이나 가는 혈관에도 손상이 가기 때문에 붓거나 내출혈이 생긴다. 그것을 최소한 억제하기 위해서는 압박, 냉각, 고정의 세가지 방법을 전부 가능한 한 빨리 시행하는 게 중요하다.

6. 기타 상해

1) 근육경련

(1) 원인과 증상

테니스는 장시간 동안 시합을 하게 되며 이렇게 해서 피로하게 되면 근육경련(쥐)이 일어난다. 전신에 근육경련을 일으켜 수족이 딴딴하게 되며, 때로는 신체의 일부 근육만이 경련을 일으키는 수도 있다. 테니스에서는 주로 장딴지에 근육경련이 자주 일어나며 이것을 "장딴지 근육경련"이라 한다. 그 외의 대퇴내측의 내전근, 손가락의 근육 등에도 부분적으로 경련을 일으키는 수가 있다. 다리 경련의 원인으로는 탈수 또는 물 흡입 부족, 포타디움과 소디움의 감소, 탄수화물 수준 감소, 팽팽하게 경직된 근육, 비타민의 부족, 불충분한 혈액순환 등이 있다.

우리가 흔히 겪게 되는 '쥐가 났다'는 표현의 근육경련은 수초에서 길게는 15분 이상 큰 통증을 유발하기도 하지만 대부분 일시적이다. 단, 너무 더운 날씨에 과도한 활동을 할 경우 탈수현상을 동반할 수 있다는 것에 주의해야 한다.

(2) 치료와 대책

근육경련이 일어나면 우선 안정해야 하며, 맛사지나 경련부위를 따뜻하게 해주어야 하며, 더운 목욕이나 찜질도 좋다. 식염수를 먹는 것도 좋은 방법이나 이 방법은 치료보다도 예방에 효과가 더욱 크다. 만약 근육경련이 발생 했다면 근육이 수축하는 반대방향으로 근육을 늘리는 스트레칭을 해주는 것이 좋다. 다시 말해, 장딴지 근육의 경우는 무릎을 신전시키고 발가락 끝을 발등 쪽으로 밀어주면서 근육을 늘려 가볍게 맛사지를 해주어야 한다.

출처: http://stretchcoach.com/articles/muscle-cramp/

그림 10-11. 다리경련시 스트레칭 방법

2) 근육 이완(단열 또는 파열)

(1) 원인과 증상

근육이완이란 근육을 구성하고 있는 가는 근섬유의 일부분이 당겨서 늘어난 상태, 또는 부분적으로 짤린 상태를 말하며, 순간적인 대시(dash)나 점프 등 근육에 힘이 강하게 작용하기 때문에 그 근육 자신의 힘으로서 근섬유가 손상된 것이다.

근육이완은 스포츠 전반에 걸친 특유한 외상으로서 근육이완이 일어나기 쉬운 근육은 대퇴후면의 대퇴이두근, 반건양근, 대퇴전면의 대퇴사두근, 종아리의 하퇴삼두근 등이 주된 부분이며, 어깨의 삼각근과 같이 주로 볼을 때리기 위한 동작에 자주 이용되는 근육과 순간적으로 급격히 강하게 작용하는 근육에 근육이완이 발생하기 쉽다. 근육이완시에는 작은 모세혈관도 단열되기 때문에 내출혈이나 피부가 부어오르는 현상이 나타난다.

(2) 치료와 대책

치료는 통증이 있는 부위를 안정시키고 상처를 최소한 줄이는데 힘써야 한다. 물론 내출혈이나 부어오름을 방지해야 하며, 구체적으로는 냉각, 압박, 안정의 세 가지 조건이 필요하다. 우선 찬물이나 얼음으로 상해부위를 차게 하고, 압박붕대로 압박하고 가능한 한 움직이지 않도록 한다.

상처를 입은 후 1~2일 후에 국소의 냉각을 멈추고, 반대로 따뜻하게 한다. 혈액순환을 잘 시켜 회복을 촉진시키도록 한다. 런닝 등의 가벼운 운동은 근육이완의 정도에 따라 다르지만 빨라도 일주일 정도는 안정하는게 좋다. 처음에 아주 가벼운 조깅, 유연체조 등의 가벼운 운동 후 회복정도에 따라서 조금씩 강하게 한다. 결코 서두르지 말아야 하며, 여기에서 가장 중요한 것은 어떻게 하면 재발을 예방할 수 있는가이다. 그것은 상처를 입었을 때의 응급치료, 회복기의 트레이닝의 방법에 달려 있으며, 재발되지 않으면 근육이완은 결코 겁낼 필요는 없다.

(3) 근육파열의 2가지 예

근육파열의 예로 테니스 레그와 햄스트링 파열 2가지를 살펴보면 다음과 같다.

① 테니스 레그(tennis leg)

테니스 레그는 발바닥과 관련되는 근육, 두 개의 종아리 근육 중 비복근의 내측머리의 찢어짐 또는 파열을 말한다.

발바닥 근육은 하퇴부 뒤쪽에 있는 근육으로, 바깥쪽 무릎 바로 위에서 기시하여 종아리 뒤쪽을 지나 발뒤꿈치 뼈에 부착되어 있다. 기능은 발바닥 쪽으로 발목을 구부리거나 발을 아래로 향하도록 할 때 큰 종아리 근육을 보조한다.

증상으로는 테니스를 플레이하는 도중 종아리 근육 아래부분에 갑자기 심한 통증이 느껴지고 주저앉게 되며 간혹 "딱"하는 소리와 함께 누군가 뒤에서 야구공을 던져 그 부분을 때리는 듯한 느낌을 받는다. 걷기가 어려워지며 종아리 안쪽 근육을 누르면 아픔이 느껴진다. 출혈때문에 멍이 들기도 하고 발가락 끝으로 걸을 수가 없게 된다.

테니스 레그는 2~3일정도 심한 통증이 있을 수 있지만 2주정도면 큰 탈이 없이 잘 낫는다. 3~4주 후에는 다시 운동을 할 수 있으나 완전히 치유되지 않은 상태에서 조급히 운동을 재개하면 악화될 수 있음을 주의하여야 한다.

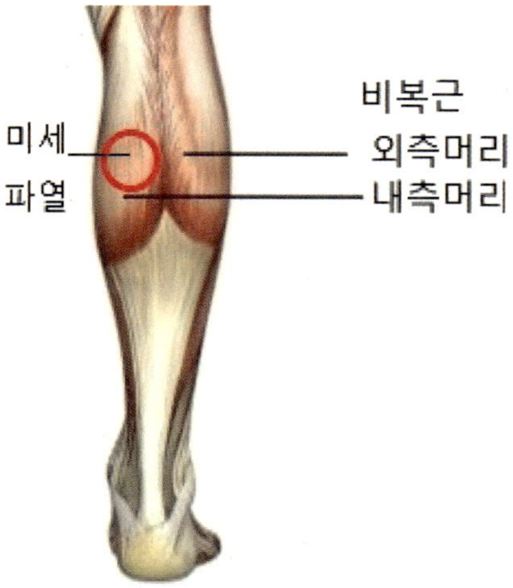

출처: http://www.ethoshealth.com.au/blog1/hamstring-injuries

그림 10-12. 테니스 레그

② 햄스트링(hamstring) 파열

햄스트링(hamstring)이란 엉덩이 밑부분에서 무릎 뒤까지 이어지는 3개의 허벅지 뒤쪽 근육을 말하며, 갑작스런 출발, 속도의 감속, 방향전환 등의 격한 운동을 할 때 주로 근육에 손상이 올 수 있다.

증상은 대퇴후면이 땡기고 심지어 찢어지면서 피가 차면서 멍이 들고, 그리고 무릎을 구부리거나 할 때 당김 증상이 심해지게 된다. 땅을 디딘 발을 뒤로 차고 앞으로 나가는데 필요한 근육이기 때문에 다칠 경우 한 동안 기본적인 운동능력을 상실할 수 있다.

햄스트링 파열은 대부분 미세파열이 많으며, 이때에는 2~3일 안정을 취한 뒤 가벼운 걷기로 컨디션 점검 하고, 상태가 좋아지면 2주째부터 가벼운 런닝을 하며 하체 웨이트 트레이닝은 필수이다

미세파열의 경우는 치료하는데 약 3주 정도 걸리지만, 심할 경우 회복 기간이 훨씬 길어질 수 있다. 또한 재발 가능성이 높다는 것에 주의해야 한다.

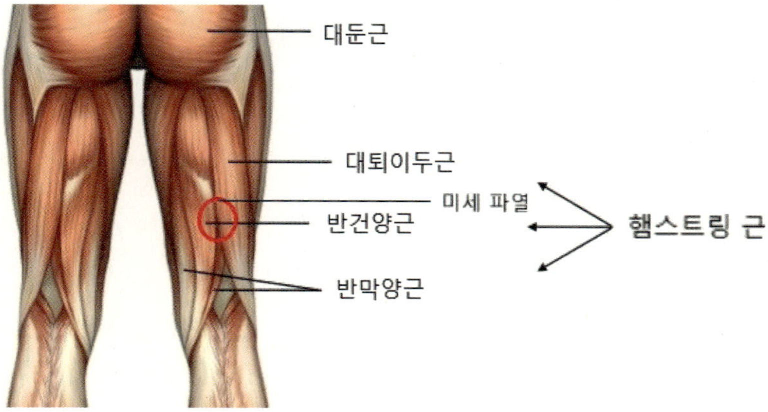

출처: http://www.ethoshealth.com.au/blog1/hamstring-injuries

그림 10-13. 햄스트링 근 미세파열

3) 아킬레스건의 단열

(1) 원인과 증상

아킬레스건은 발뒤꿈치에 있는 인체에서 가장 강하며 긴 힘줄로 종아리에 있는 근육을 발뒤꿈치 뼈와 연결하는 강인하고 신축성 있는 공동힘줄이다. 우리의 체중을 받쳐주고, 발목 굽힘, 걷기, 달리기, 점프 등에 중요한 역할을 한다. 발목을 움직이는데 필요한 건이 모여 있는 곳이 바로 이곳이다. 아킬레스건의 단열은 런닝이나 점프 때의 착지, 도움닫기 등의 경우에 일어나기 쉽고, 평상시 별로 스포츠를 하지 않던 사람이 갑자기 테니스를 하면 아킬레스건이 잘라지는 일이 많다. 또 매일 테니스를 하고 있는 사람이라도 무리하거나 과로하면 발생할 수도 있으며 이 건이 잘라지면 보행은 가능하나 발끝으로 서는 것이 불가능해진다.

아킬레스건의 부상은 아킬레스건주위염과 아킬레스건염으로 나누어진다. 아킬레스건주위염은 건의 주위에 있는 얇은 막에 염증이 생긴 것으로 건에 영양을 보급하거나 피부와의 마찰을 해소하는 매우 중요한 역할을 한다. 아킬레스건염에 비하여 빈도도 많고 치료하기도 수월하며 건 자체에는 부상이 없으므로 아킬레스건이 끊어질 걱정은 없다. 아킬레스건염은 건 자체의 염증으로 지나친 달리기나 연령변화에 의해 건의 약한 부분에 미세한 분열이 생긴 것이다. 파열된 부분은 건이 약해지고, 돌발적인 장력이 주어지면 끊어지는 위험성을 안고 있다.

증상으로 초기에는 달리기 초반에 아프고, 조금 달리기를 해서 몸이 데워지면 통증이 가벼워지며 달리기 후에 다시 아파오는 특징이 있으며 증상이 서서히 나타나기 때문에 만성화되기 쉽고 부기가 심해지거나 응어리가 생기거나 움직이면 삐걱거리는 소리가 나는 경우도 있다.

(2) 치료와 대책

치료로는 초기 증세가 가벼운 시기에는 약 2주정도 완전히 휴식을 취하고 소염진통제를 바르고 장딴지 스트레칭을 실시하여 만성화하지 않도록 하는 것이 중요하다. 얼음찜질을 해 주는 것도 도움이 된다. 염증을 억제하는 주사를 직접 아킬레스건에 맞는 것은 신중하게 결정하여야 하며, 쉽게 완치되지 않는 경우는 수술을 통해 환부를 도려내야 하는 경우도 있다. 훈련 전후에 충분히 스트레칭을 실시하여 근육피로가 남지 않도록 하는 것이 중요하다.

4) 요통

(1) 원인과 증상

요추는 우리의 몸을 지탱하는 대들보와 같은 역할을 하는데, 요통은 직립보행하는 인간의 생애중 80% 이상에서 한번은 경험하고 지나가게 된다. 특히 운동선수나 운동중에 다양한 형태의 힘이 척추에 전달되어 요통을 경험할 확률이 높아지게 된다.

한편, 테니스에서 허리 통증의 원인을 보면 라켓을 잡고 서브나 스매시 등 허리의 급격한 회전 동작 등에서 찾아볼 수 있다. 또한 요통은 원인이나 국부에 따라 증상은 다르게 나타날 수 있다는 것을 알아야 한다.

(2) 치료와 대책

치료방안으로는 요통을 일으킨 직후는 안정을 갖는것이 가장 좋다. 허리 부상의 유형별 치료로, 많은 지구력을 요하는 테니스에서 많은 사람들이 몸풀기와 유연성 훈련을 무시함으로서 많은 손상을 초래하는 좌상(contusion)은 초기에는 얼음찜, 48시간 후에는 온찜질을 시행함으로서 단기적인 효과를 볼 수 있다. 요추 스트레인(lumbar strain)은 요추에 직접적인 외상을 받거나 혹은 무거운 물건을 부적당한 자세에서 들다가 오부연부 조직에 뚜렷한 손상을 입은 급성염좌이다. 치료는 근육이완제, 진통소염제등을 사용하며 근육경직과 통증을 치료한다. 추간판 탈출증은 추간판의 퇴행성 변화로 인한 수핵의 탈출을 의미하며 좌골 신경통을 일으킨다. 치료는 통증을 악화시키지 않는다면 무리한 테니스 이외의 다른 활동을 계속적으로 하고, 화학적 용해요법, 경피적 추간판 제거술, 레이져 추간판 제거술 등 수술적인 치료를 해야 한다.

7. 테니스 상해 예방법

1) 무리한 동작을 하지 않는다.
2) 준비운동과 정리운동을 잘 지킨다.
3) 코트 바닥이 미끄러운지 아닌지 잘 살핀다.
4) 활동하기에 공간이 충분한지 살핀 다음 친다.
5) 볼이 잘 보이는 밝은 공간에서 친다.
6) 손목 보호대와 같은 보호 장비를 착용한다.

부록. 테니스 용어

- **가비지 샷(Garbage shot)** 행운의 위닝 샷. 예를 들어 라켓 프레임에 어설프게 맞고도 네트를 넘어가 득점이 된 샷을 말한다.
- **갤러리(Gallery)** 갤러리라고 하면 '화랑'이나 '미술관'을 먼저 머리 속에 떠올리는 사람이 적지 않을 것으로 생각한다. 그러나 이 단어에는 '관객'(특히 테니스와 골프)이란 의미도 있다. 관객에 해당하는 영어로 아주 일반적인 것으로는 spectator, audience, crowd, attendance가 있다.
- **거트(Gut)** 라켓줄을 gut라고 부르는 사람이 많은데 엄격히 말해서 라켓 프레임에 걸린 인조줄은 strings이고 천연거트를 말한다.
- **게임(game)** 두 가지 뜻이 있는데, 하나는 세트(set)와 포인트(point) 단위 사 이의 단위이며, 다른 하나는 보통 흔히 말하는 경기라는 뜻을 갖고 있음.
- **결승전(Finals)** final만으로도 '결승'을 나타내지만 대개 복수형으로 사용한다. 준결승은 semifinals, 준준결승은 quarterfinals인데 그중 1경기를 가리키려면 'a semifinal(match)'처럼 단수형 표현도 가능하다. 그리고 finalist와 semifinalist는 각각 결승과 준결승에 진출한 사람을 의미한다.
- **경기 일정표(Order of play)** 한 대회에서 경기의 순서를 알리는 일람표. 어느날 몇시부터 몇번 코트에서 누구와 누구의 경기가 벌어진다는 것을 나타내며 선수들은 이것을 보고 연습시간과 출전 예정시간을 맞춘다.
- **골든 슬램(Golden slam)** 여자 테니스의 최고 스타였던 슈테피 그라프(독일)는 88년 호주 오픈을 시작으로 US 오픈까지 그 해 그랜드 슬램 대회를 모조리 차지했다. 그랜드 슬래머에 이어 '88 서울올림픽 여자단식 금메달까지 따낸 전무후무한 기록을 세웠다. '골드스래머'란 신조어는 여기서 비롯됐다.
- **그라운드 스트로크(Ground Stroke)** 그라운드 스트로크는 테니스의 기본적인 스트로크이다. 그래서 단순히 스트로크라고 해도 '그라운드 스트로크'를 가리킬 때가 많다. 미국 테니스 협회가 펴낸 '공식 테니스 백과'에는 그라운드 스트로크를 '코트 면에 튀긴 볼을 치는데 사용되는 스트로크(A stroke to hit a ball after it has bounced on the playing surface)'라고 설명이 돼 있다. 다시 말하면 그라운드는 지면을 뜻한다. 볼을 일단 지면에 떨어뜨린 다음에 치는 스매시를 '그라운드 스매시'라고 하는 것도 이 때문이다. 베이스 라인 주변에서 그라운드 스트로크를 주

고 받는 선수를 '베이스 라인(또는 스트로크) 플레이어', 또는 '베이스 라이너'라고 부르며 그라운드 스트로크 위주의 경기를 '베이스 라인 게임'이라고 표현한다.

- **그랜드 슬램(Grand Slam)** 그랜드 슬램은 '동일 선수가 1년 내에 4개의 메이저 대회에서 우승하는 것'을 말한다. 그러나 ITF의 유권해석으로 2년에 걸쳐 연속으로 4대 타이틀 우승하면 그랜드 슬램으로 인정받게 됐다.

- **그립(Grip)** 그립에는 크게 나누어 세 가지가 의미가 있다. (1) 라켓 손잡이의 '쥐는' 부분 (2) 라켓을 쥐다(동사) (3) 라켓을 쥐는 방법.

- **글래스파이버(Glassfiber)** 유리섬유, 라켓, 낚시대, 스키 등의 중요한 소재이다. 1962년 미국의 봉고도 선수 존 율세스는 유리섬유 폴(pole)을 이용하여 4m 89cm의 세계기록을 세웠다. 이후 각종 스포츠 장비에 보편화되어 쓰이고 있다.

- **낫업(Not up)** 테니스에선 볼은 노바운드에서 또는 원 바운드 후의 경우에만 치는 것이 허용된다. 그러나 채 타이밍을 맞추지 못해 자신도 모르게 2회의 바운드 후에 라켓을 내미는 일이 있다. 이럴 때 주심은 '낫업'이라고 콜한다. 다시 말해 낫업이란 콜은 '(그 볼은)무효'라는 뜻이다.

- **네트(Net)** 경기 규칙을 보면 테니스의 네트는 '볼이 빠져 나가지 않을 정도의 좁은 그물이어야 하며 2개의 포스트 사이의 공간을 완전히 메우도록 해야 한다'고 규정되어 있다. 또한 (1) 네트의 높이는 포스트에서 1.07m, 코트 중앙에서 0.914m (2) 중앙부에는 너비 5cm이하의 순백색 띠(Strap)로 팽팽히 밑으로 당겨서 메며 (3) 네트를 매는 코드는 네트의 상부에서 양쪽 모두 균등하게 5cm이상 6.3cm 이하의 순백색 밴드로 씌워야 한다고 명기되어 있다. 이처럼 네트의 높이는 양쪽 끝과 중앙부가 약 16cm 정도의 차이가 난다. 이것은 배구, 배드민턴, 탁구와는 다른 테니스만의 특색이다. 테니스 볼의 직경은 약 6.5cm이므로 16cm라면 볼 2.5개 분에 해당되는 것이다.

- **네트 엄파이어(Net umpire)** 레트 및 네트와 관련된 상황을 지켜보는 심판.

- **네트포스트(Net post)** 네트(net) 양 끝의 기둥.

- **네트 플레이(Net play)** 네트 플레이는 네트에 가까운 위치, 주로 서비스 라인의 전방 지역에서 전개하는 플레이의 총칭으로 네트 게임(Net game)이라고도 부른다. 또 네트 플레이를 즐기는 사람을 네트 플레이어라고 한다.

- **네트 코드 샷(Net cord shot)** 랠리 동안에 네트를 스치고 들어간 볼. net cord stroke와 똑같은 말이다.

- **녹아웃 시스템(Knock-out system)** 토너먼트와 리그전은 스포츠에 있어 2대 경기방식이라 할 수 있다. 그 가운데 토너먼트의 전형적인 예가 바로 녹아웃 시스템이다. 바꿔 말하면 대전한 2인(2조, 2팀) 중에 승자가 다음 라운드로 진출하고 패자는 탈락한다.

- **다운(Down)** '업(up)'과 대조되는 낱말로 일상적인 영어 용법에선 '아래(에, 의, 쪽으로)' 등으로 해석하지만 경기에선 '지고 있는, 리드 당하고 있는' 상태를 나타낸다.
- **대시(Dash)** 짧은 거리를 빠르게 달려가는 것. 서브 앤드 발리 형의 플레이를 '네트 대시(Net dash)'라고 한다. 그러나 영어에선 '네트 러시(Net rush)'라는 표현이 더 많이 사용된다.
- **단식(Singles)** 단식은 1대 1로 하는 경기 형식을 가리킨다.
- **데드 록(Dead lock)** 대전하는 쌍방이 동점으로 우위를 가릴 수 없는 상태의 접전. 또는 교섭이 잘 이루어지지 않으며 그 해결방법이 없는 것.
- **데이비스 컵(Davis cup)** 테니스계 최고의 이벤트로서 '테니스 올림픽'이라고도 불리는 데이비스 컵 대회는 1900년에 시작되었으며, 세계 남자 국가 대항전이다.
- **데드 존(Dead zone)** 서비스 라인과 베이스라인 사이의 지역.
- **더블 폴트(Double fault)** 2번 연속 서브를 실패해서 점수를 잃는 것.
- **더블히트(double hit)** 볼이 라켓에 두 번 맞는 것.
- **도미넌트 핸드(Dominant hand)** 플레이에 활용하는 지배적인 손으로, 오른손잡이의 오른손, 왼손잡이의 왼손을 가리킨다.
- **듀스(Deuce)** 40 : 30에서 리드 당하고 있는 쪽이 따라 붙어 양쪽의 포인트가 똑같아졌을 때, 이것을 '40 all(포티 올)'이라 부르지 않고 그 대신 '듀스(Deuce)'라고 부르며 어느 한쪽이 2점을 계속해 따지 않으면 게임은 끝나지 않는다. 듀스 상황에서 어느 한쪽이 득점을 해 '어드밴티지(Advantage)'를 딴 후 상대방이 득점을 해 다시 동점이 된 경우 '듀스 어겐(Deuce again)'이 되는데 실제에 있어서 '어겐'이란 말은 사용하지 않는다.
- **드로(Draw)** 경기의 대진 편성(을 하는 것)은 페어링(Pairings)이라고 부르지만, 이 대진 편성을 위한 추첨은 드로(Draw)이다. 최근에는 draw가 '대회 참가자의 수'를 의미하기도 한다. 즉 64 드로라면 그 부문 출전자가 64명이라는 뜻이다.
- **드라이브(Drive)** 공격적인 그라운드 스트로크. 보통 베이스라인 랠리(Rally)때 이루어진다.
- **드라이브 발리(Drive volley)** 백스윙을 크게 하고 매우 강하게 친 높은 발리
- **드롭 샷(Drop shot)** 공의 아랫부분을 얇게 자르듯이 언더 스핀(Under spin)을 많이 걸어 공이 네트를 넘자마자 급강하 하는 타구. 바운드 후 네트 쪽으로 거꾸로 되돌아가는 구질이 드롭 샷으로서 이상적이다.
- **드로 플레이(Draw play)** 상대를 유인하는 플레이. 일부러 허점을 만들어 상대의 볼을 유인한 뒤 그것을 되받아 치는 플레이

- **디사이딩 포인트(deciding point)** 노애드 게임에서 한 포인트로 게임 승부를 결정할 때 그 포인트
- **딩크 샷(Dink shot)** 상대편을 속이기 위해 비교적 높게 친 샷을 말하는데 네트를 넘자마자 떨어지게 매우 가볍게 쳐야 한다. 딩크 샷을 의도적으로 계속 구사하는 사람을 가리켜 '딩커(Dingker)'라고 한다.
- **딥 샷(Deep shot)** 베이스 라인 바로 안쪽에 떨어지는 그라운드 스트로크나 발리 또는 서비스 라인 근처에 떨어지는 서브.
- **라인(Line)** 테니스 코트는 보통 하얀 선(line)으로 형성돼 있는데 각각의 선마다 베이스 라인, 사이드 라인, 센터 라인, 서비스 라인 등 고유의 이름이 붙어 있다.
- **라인즈 맨(Linesman)** 테니스의 심판 가운데 타구가 정해진 코트 구역 안쪽에 떨어져 유효타가 됐는가 바깥쪽에 떨어진 무효타가 됐는가를 판정하는 사람을 라인즈맨이다. 라인즈맨은 자기가 맡은 영역의 라인 밖에 타구가 착지한 경우 아웃 또는 폴트(Fault)를 큰 목소리로 신속하게 외치며 팔을 어깨 높이까지 수평하게 들거나 손바닥을 수직으로 벌려 엄파이어 쪽으로 향하게 한다.
- **라운드 로빈(Round Robin)** 경기대회에서 성적 순위를 결정하는 방법을 대별하면 (1)녹아웃 시스템(Knock-out system) (2)라운드 로빈(Round robin)의 두가지다 우리들은 보통 (1)을 토너먼트, (2)를 리그전이라 부른다. 웹스터 스포츠 사전에선 라운드 로빈을 '모든 출전자가 서로 다른 출전자와 차례차례 대전하여 그 승패의 최종성적을 결정하는 토너먼트'로 설명하고 있다.
- **랠리(Rally)** 연속적인 스트로크의 교환, 구체적으로 말하면 랠리는 서브 리턴이 이루어진 순간에 시작하여 한쪽이 득점한 시점, 또는 레트(let)가 선고된 때에 종료한다.
- **랭킹(Ranking)** 등급, 순위, 서열. 형용사로 쓰면 '뛰어난', '상급의'라는 의미가 된다.
- **레귤러(Regular)** 스포츠에서 레귤러라고 하면 주전 선수를 가리키며 후보선수의 반대.
- **레디(Ready)** 테니스 경기 개시 전 엄파이어는 'Players ready? Linesmen ready?'라고 말함으로써 선수나 선심들의 준비상태를 점검한다. 이 ready는 '-할 준비가 되어 있는'이란 형용사이다. 또 하나, 테니스에서 자주 사용되는 용어에 ready position이 있다. 이것은 '볼을 기다리는 준비자세'이다.
- **레벨 업(Level up)** Level up을 정확히 표현하면 '전체가 들쭉날쭉하기 때문에 낮은 부분을 끌어올려 전체를 똑같이 높게 만든다'는 뜻이 된다.
- **레트(Let)** 테니스에선 '예기치 않은 일 때문에 원만한 플레이 진행이 방해됐음'을 심판이 선고하는 것을 let라고 한다. 서브의 let는 그 서브만을 다시 하게 하고 그 밖의 상황에서 let가 된 경우는 그 포인트를 다시하게 된다.

- **레퍼리(Referee)** 주심(chair umpire) 보다 높은 위치의 심판으로서 경기 전체를 통하여 주심이 해결치 못하는 테니스의 법적인 문제가 발생했을 때 판정을 하는 최종적인 심판.
- **로브(Lob)** 상대방 머리위로 높게 띄워 상대방 코트에 떨어뜨리는 타구.
- **루프 스윙(Loop swing)** 라켓을 뒤로 빼는 백스윙에서 임팩트 직전의 포워드 스윙가지 동작을 크고 폭넓게 취하는 것.
- **리시버(receiver)** 서비스를 리턴(return)하는 선수.
- **리시브(Receive)** '서브를 받다'. 실제로는 단지 볼을 받는 것뿐만 아니라 받은 것을 되돌려 치는 행위까지 receive의 의미에 들어 있다.
- **리턴(Return)** 테니스에 리턴이라고 하면, 샷의 종류를 불문하고 어쨌든 상대가 보낸 볼을 되받아 치는 것을 말한다.
- **리치(Reach)** 손발을 뻗칠 수 있는 범위, 테니스의 경우 '수비범위'의 별칭으로 쓰인다.
- **마크(Mark)** 테니스 코트 베이스라인의 꼭 중간지점에 코트 안을 향해 폭 5cm, 길이 10cm의 '맹장 같은 선(Line)'이 그려져 있다. 센터 마크이다. 이것은 '그 지점이 베이스 라인의 중앙'이라는 표시(경계선)인 것이다.
- **매치(match)** 선수/팀 양 편간 경기의 가장 큰 단위. 매치의 종류로는 5 세트 매치 (5 set match), 3 세트매치(3 set match), 및 1 세트매치(1 set match)가 있음. 5 세트매치는 남자 그랜드슬램(Grand Slam)이나 데이비스 컵(Davis Cup) 회에서, 그 외에는 주로 3 세트매치로 경기를 하며, 1 세트매치는 주로 일반 동호인들의 시합에 많이 적용하고 있음.
- **매치 포인트(Match point)** 한 선수가 1포인트만 더 따면 경기에 승리하게 되는 상황. TV에서 그랜드 슬램 대회 결승전을 볼 때(한국에선 거의 드문 일이긴 하지만(!)) 간혹 자막에 나타나는 championship point는 매치 포인트와 똑같은 말이다. 1포인트를 따면 챔피언이 된다는 뜻이다.
- **메디컬 타임아웃(medical timeout)** 선수가 부상으로 인해 닥터(doctor)로 하여금 치료를 받는 시간.
- **문 볼(Moon ball)** 상대방의 베이스라인 근처에 빠듯하게 들어가도록 높고 깊게 친 볼. 이런 이름이 붙은 것은 비행궤도가 보름달처럼 아치 모양을 그리기 때문이다. 톱스핀을 충분히 걸어 상대의 백핸드 쪽으로 보낸 정도로 성공률이 높다.
- **바운스(Bounce)** 공이 지면에서 떨어져 되튀기는 상태. 바운드(Bound)와 같이 쓰이는 말이다.
- **바이(Bye)** 토너먼트에서 참가자의 수가 2배수(4, 8, 16, 32, 64, 128 …)가 아니면 대진표를 짜는 것이 힘들어 진다. 그래서 주최측은 짝이 맞지 않은 선수들을 그대로 다음 라운드에 진출시켜 대회 진행을 순조롭게 만든다. 이처럼 상대의 기권에 의존하지 않고 처음부터 얻는 부전승을 바이(Bye)라고 한다.

- **발리(Volley)** 상대방이 친 볼이 땅에 떨어지기 전에 다시 쳐 보낸 스트로크의 총칭. 발리는 타점의 높이에 따라서 하이(high) 발리와 로우(low)발리로 나뉜다.
- **백코트(Back court)** 코트의 후면으로, 베이스라인, 서비스 라인, 사이드 라인으로 둘러싸인 지역을 말하며 주로 그라운드 스트로크가 교환된다.
- **백핸드(Backhand)** 오른손잡이(왼손잡이)가 자기 몸 왼쪽(오른쪽)의 공을 치려고 사용하는 스트로크.
- **백스탑(backstop)** 베이스라인 뒤 편 울타리 벽.
- **백스윙(Backswing)** 라켓과 공이 접촉하기 전에 스트로크를 하는 팔과 라켓을 일단 뒤로 움직이는 것.
- **밴드(band)** 네트 상단에 수평으로 코드(cord)를 감싸고 있는 띠.
- **베이스라인(Baseline)** 네트에서 39피트(11.885m) 지점에 위치한 코트의 양쪽 경계선.
- **베이스라인 플레이(Base line play)** 네베이스 라인 부근에 위치해 그라운드 스트로크를 주로 하는 플레이
- **베벨(Bevel)** 라켓 그립의 외부 표면을 구성하는 손잡이 하단의 8각면.
- **버트(Butt)** 라켓손잡이의 밑바닥. 대개 라켓 상표가 붙어 있다.
- **버터플라이즈(Butterflies)** 경기 전이나 도중에 일어나는 신경질을 묘사하는 데 사용되는 용어.
- **볼 머신(Ball machine)** 공을 일정한 속도와 방향으로 계속 튀겨 주는 연습용 기계.
- **복식(Doubles)** 테니스, 배드민턴, 스쿼시, 탁구 등 이른바 코트(Court) 경기에서 네트를 사이에 두고 상대하는 쌍방이 2인으로 한조를 이뤄 플레이하는 경기 형식.
- **불규칙 바운드(Unnatural bound)** 클레이나 잔디 코트에서 불규칙 바운드가 자주 생겨 경기의 흐름이 뒤집어 놓는 경우가 많다. 그것을 영어로는 unnatural bound 또는 irregular bound라고 부른다.
- **블록(Block)** 몸 바로 앞에 라켓을 단단히 가져다 대고 공을 맞추는 것. 이때는 백스윙이나 팔로우드로가 필요 없다.
- **브레이크(Bread)** 테니스에선 상대의 서비스 게임을 '부순다'라는 의미로 브레이크를 쓴다. 리시버가 40혹은 듀스 후에 어드밴티지를 얻어 그 다음 1포인트로 서브를 깨뜨리는 상태가 됐을 때, 그 점수를 브레이크 포인트라고 부른다. 또한 세트가 끝나고 10분간 쉬는 휴식 시간도 브레이크라고 한다.

- **빠른 코트(Fast court)** 잔디 코트, 하드코트, 실내용 카페트가 깔린 코트 등 타구의 속도가 빠른 코트를 총칭한다.
- **사이드(Side)** 경기에서 대전하는 쌍방의 어느 한쪽, 이것은 1대 1의 경우는 물론 복식팀에도 적용된다. 테니스에선 서브하는 쪽을 serving side, 리시브를 하는 쪽을 receiving side라고 부른다. 테니스 코트의 사이드 라인(sideline)은 플레이 구역을 표시하는 좌우 양쪽의 선을 가리킨다.
- **사이드스탑(side stop)** 사이드라인 바깥 쪽 울타리 벽.
- **샷(Shot)** 일반적으로 shot과 stroke를 구별하지 않고 쓰는데 '스포츠 용어사전'에선 '도구를 사용해서 볼을 치는 스트로크 행위(A stroke in which a ball is hit with an implement)'를 shot라고 설명한다.
- **서버(server)** 서비스를 넣는 선수.
- **서빙(serving)** 서비스(또는 서브(serve))를 넣는 행위.
- **서브(Serve)** 서브는 경기개시를 위한 스트로크(the opening stroke of point)이며 테니스의 스트로크 중에선 유일하게 상대의 볼을 치지 않고 자기의 의사와 타이밍, 기술로써 치는 스트로크이다.
- **서비스 라인(Service line)** 네트로부터 양쪽에 각각 6.4m 거리에 있으며 서비스 코트의 끝을 표시하는 네트와 평행으로 그어진 선.
- **서비스 코트(Service court)** 서브의 목표지점으로서 유효한 코트상의 장방형 지역. 서버는 단식 사이드라인, 서비스라인, 센터라인, 네트 등으로 둘러싸인 이곳으로 서브를 넣어야 한다. 서비스 박스라고도 함.
- **선심(Line Umpire)** 각 라인(line)의 심판. 즉 베이스라인 엄파이어, 서비 스라인 엄파이어, 사이드라인 엄파이어즈(sideline umpires), 및 센터서비스 라인 엄파이어가 있다.
- **세트(Set)** 세트는 테니스 경기(match)를 구성하는 중간단위로서 게임(game)의 집합체이다.
- **세트브레이크(set break)** 한 세트가 끝나서 다음 세트를 시작하기 전까지의 쉬는 시간.
- **센터 라인(Center line)** 서비스 코트를 세로로 2등분 하면서 네트에 직각으로 그어진 라인. 길이가 21피트(6.40m)이며 정식 명칭은 센터 서비스 라인.
- **센터 마크(Center mark)** 베이스라인을 2등분하는 지점에 베이스라인과 수직으로 코트 안쪽에 그려진 마크.
- **센터 스트랩(Center strap)** 센터라인에서 네트 높이를 3피트(0.914m)로 유지하기 위해 너비 5cm 이하로 팽팽히 밑에서 당겨 맨 네트 중간의 띠.

- **센터 이론(Center theory)** 상대 코트가 가운데로 볼을 치고 들어가는 네트 플레이 공격법. 복식에선 상대 선수들 사이로 볼을 보낸다.
- **셀프 저지(Self judge)** 심판(umpire)이 없는 경기에선 대전하는 플레이어들끼리 서로 자기 코트쪽으로 쳐진 상대의 볼을 판정함으로써 경기를 진행시킨다. 이같은 심판 시스템이 셀프 저지다.
- **슈프림 코트(Superlim court)** 카페트 코트를 말한다. 화학고무 성분으로 만들어진 슈프림 코트는 지퍼로 간단히 조립, 해체할 수 있는 장점이 있다. 시멘트 바닥 위나 오래된 하드코트, 혹은 실내 경기장의 마루 바닥 위에 깔아 반영구적으로 사용할 수도 있다. 이런 편리함 때문에 슈프림 코트는 날로 늘어가는 추세에 있다.
- **스매시(Smash)** 머리 위로 올라온 상대의 로브에 대한 반격의 수단으로 직선적으로 상대 코트에 때려 넣는 파괴적인 스트로크이다. 오버헤드 스매시(Overhead smash) 또는 줄여서 오버헤드라고도 부른다.
- **스위트 스폿(Sweet spot)** 라켓 타면 중에서 타격 효과가 가장 좋은 부분.
- **스윙(Swing)** 볼을 치기 위해 라켓을 휘두르는 것.
- **스윙 발리(Swing volley)** 라켓을 크게 휘둘러 치는 발리
- **시즌(Season)** 스포츠 세계에선 시즌이라고 하면 특정한 경기가 집중적으로 실시되는 시기 또는 그 경기를 하는데 가장 적당한 시기를 가리킨다.
- **스트랩(strap)** 네트의 중앙에 수직으로 잡아주는 띠.
- **스트로크(Stroke)** 테니스의 타구 동작을 일괄해서 stroke라고 부른다. 테니스의 스트로크에는 (1) 그라운드 스트로크(일단 땅에 한번 튀긴 볼을 치는 것) (2) 발리(노바운드의 볼을 치는 것) (3) 서브의 3종류가 있다.
- **스트링(string)** 라켓 타구면에 매는 줄.
- **스탠다드 게임(Standard Game)**과 **노애드 게임(No Ad Game)** 포인트 스코어(point score)가 3 : 3 (forty all)이 되면 듀스(deuce)다. 이때 두 포인트 차가 날 때까지 계속하는 게임을 스탠다드 게임이라 하고, 한 포인트로 게임승부를 결정하는 방법을 노애드 게임이라 한다.
- **스탠스(Stance)** '좌우 양발의 간격' 또는 '볼을 치려고 하는 방향에 대한 자신의 양발의 관계'를 스탠스라고 부른다.
- **스핀(Spin)** 타구에 가해진 볼의 회전을 spin이라고 말한다.
- **슬라이스(Slice)** 역회전이나 횡회전이 걸리는 타구를 의미한다.
- **시드(Seed)** 토너먼트 대회의 대진표를 짤 때, 강한 선수(팀)끼리 1,2회전에 맞붙는 것을 막기

위해 일정수의 강한 선수(팀)들을 추첨에 의하지 않고 미리 드로 시트(Draw-sheet, 대진표)의 특정 장소에 놓는 것 또는 그런 혜택을 받은 선수(팀)를 그냥 seed라고 부른다.

- **싱글스틱(singles stick)** 단식만을 위한 네트 양 끝의 막기 기둥.
- **쓰로트(Throat)** 라켓 손잡이(handle)와 머리(head)를 연결하는 부분. 넥(neck)이라고도 한다.
- **아메리칸 트위스트(American twist)** 서브의 일종. 바운드가 높고 불규칙해서 상대의 백핸드 쪽으로 날아갈 때 큰 위력을 발휘한다.
- **어드밴티지 세트(Advantage Set)** 6 게임스 올(6 games all)에서 타이브 레이크 게임을 적용하지 않고 한 세트가 두 게임 차로 벌어져 세트승부가 날 때까지 계속하는 세트.
- **엔드체인지(end change)** 치른 게임 수의 합이 1, 3, 5, 7, 9 … 등으로 될 때 양쪽 선수/팀이 서로 자리를 교환하는 것. 흔히들 코트체인지 또는 사이드체인지라고 말하는 경우가 많은데, 이것은 잘못 표현하는 것임.
- **웜업(warm up)** 경기 전 몸을 풀어주는 행위.
- **인플레이(in play)** 플레이 중인 상태.
- **아웃(Out)** in의 반대어인 out은 테니스에서 (1) 인플레이의 타구가 코트 구역 밖에 떨어졌다.(the ball is out의 의미이며 품사는 부사), (2) 코트 구역 밖으로 떨어진 인플레이의 타구(명사) 등의 두가지 뜻으로 사용되고 있다.
- **앙투가 코트(En-tous-cas court)** 배수를 쉽게 하는 붉은 벽돌가루 포장의 코트. 프랑스 오픈이 열리는 파리의 롤랑가로가 바로 앙투가로 되어 있다.
- **에이스(Ace)** 상대의 라켓이 전혀 공과 접촉을 못하도록 위력과 방향이 좋은 샷을 날려 득점을 올리는 것. 주로 서브의 경우에 사용된다.
- **에러(Error)** 인플레이에 유효한 리턴을 실패한 것.
- **앵글(Angle)** 테니스에선 의도적으로 대각선 방향으로 친 타구를 일괄하여 앵글 샷(Angle shot)이라 지칭한다.
- **엔드(End)** 플레이어가 경기를 하려고 들어가 점유한 장소. '엔드'는 반드시 사람이 들어가야 성립하는 개념인데 반해 '코트(Court)'는 사람이 없어도 좋다. '엔드의 교대'를 '코트 체인지' 혹은 '체인지 코트'라고 부르는데 이것들은 영어에서 잘 쓰이지 않는 표현이다. 미국 테니스협회가 펴낸 '공식 테니스 백과'에서 'Changing courts'를 인정하긴 해도 'Change of ends'나 'Change ends'라고 해야 올바르다.
- **엔트리(Entry)** 스포츠에선 대회 참가자(a competitor entered in competition)를 가리킨다.

- **앨리(Alley)** 단식 코트와 복식 코트의 사이드 라인 사이에 있는 가늘고 긴 지역.
- **어드밴티지(Advantage)** 게임이 듀스(Deuce)에 들어간 후 어느 한 사람이 먼저 1점을 얻은 경우 그 점수를 어드밴티지라고 부른다.
- **엄파이어(Umpire)** 테니스 엄파이어에는 치프(chief) 엄파이어, 체어(chair) 엄파이어, 네트(net) 엄파이어 등의 3가지가 있다. 우리말로는 심판장에 해당하는 치프 엄파이어는 토너먼트 개시전에 필요한 수의 심판원을 확보하고 교육시키는 임무를 지니고 있으며 레퍼리의 승인을 조건으로 매일 심판할당표를 작성하고 레퍼리의 직무수행에 협력해야 한다. 체어 엄파이어는 경기의 주심이다. 선수 소개, 스코어 시트(sheet) 기록, 포인트, 게임, 세트의 콜(call)을 담당하며 경기 중에는 사실 문제에 관해 최종 판정을 내리고 규칙에 따라 플레이어가 엔드를 바꾸는지의 여부와 인정된 휴식 시간이 끝난 후 즉시 경기가 재개되는 지의 여부를 확인해야 한다. 경기 종료후에는 스코어 시트에 서명을 하고 경기 종료가 됐다는 것을 대회본부에 보고할 의무도 있다. 네트 엄파이어는 서비스 볼이 네트에 맞으면 손을 높이 들어 수신호를 하는 동시에 '네트'라고 콜하며, 인플레이의 볼이 네트 사이를 뚫고 지나갔을 때는 '쓰루(through)'라고 콜하는 심판이다. 또 올바르게 볼 교환을 했는지 확인하고 체어 엄파이어의 위임으로 볼이 플레이에 적합한지의 여부를 조사하기도 한다.
- **언더 스핀(Under spin)** 역회전. 그라운드 스트로크에선 이 언더스핀을 슬라이스(Slice)라고 부르기도 한다.
- **어프로치 샷(Approach shot)** 네트에 접근하기 위해 치는 샷. 상대가 공을 짧게 보낼 때 그것을 즉각 포착하여 상대 코트로 깊게 리턴하는 것이 정석이다.
- **ATP(Association of Tennis Professionals)** 남자 프로테니스 협회.
- **WTA(Women's Tennis Association)** 여자테니스연맹
- **예선 토너먼트(Qualifying tournament)** 대부분의 오픈 토너먼트는 참가선수(조직, 팀)의 수를 제한한다. 참가를 희망한다고 해서 무조건 대회의 문이 열리는 것은 아니고 일정한 수의 상위 랭킹 선수들에게만 본선 참가가 인정되며, 그 밖의 선수들은 예선에 참가하여 본선 출전자격을 획득하지 않으면 안된다(와일드 카드라는 제도도 있지만 그것은 특별한 예이다).
- **올(All)** 올을 테니스에서 사용하게 되면 'for each side(다같이, 양쪽 다)'의 뜻을 지니게 된다. 결국 올은 동점이다. 이말은 30-all, 4 games all, one set all 등과 같이 포인트 뿐만 아니라 게임과 세트에도 쓰인다.
- **올코트 게임(All court game)** 코트의 전지역을 활용하면서 스트로크를 다양하게 구사하는 플레이 방식.

- **온라인(On-line)** 테니스 경기 규칙 22조는 '라인 위에 떨어진 볼(Ball falling on line)은 그 라인에 의하여 구분된 코트 안에 떨어진 것으로 간주된다'고 규정하고 있다. 즉 볼이 조금이라도 라인에 닿는다면 유효타라고 할 수 있다.
- **온 더 라이즈(On the rise)** 보통 그라운드 스트로에선 상대가 친 볼이 착지해 바운드가 정점에 도달한 뒤 점점 내려가기 시작할 즈음에 라켓면이 볼이 접촉한다. 그러나 이와는 반대로 볼의 바운드가 정점에 이르기 전에 리턴을 하는 것도 가능하다.
- **올림픽 테니스(Olympic tennis)** 88 올림픽 때 테니스가 정식종목으로 채택된 것은 하나의 사건이었다.
- **오버룰(Overrule)** 테니스에서는 주심이 라인즈맨의 판정을, 레프리가 주심의 판정을 뒤집고 새삼스럽게 별도의 판정을 내리는 것이 overrule이다.
- **오버헤드(overhead)** 테니스에선 '볼이 머리 위의 공간에 있는 동안에 친 스트로크(A stroke made during a rally by hitting the ball while it is in the air above the head)'를 가리킨다.
- **와일드 카드(Wild card)** 그랜드 슬램 대회와 같이 예선전을 갖는 토너먼트의 경우 본선에서 뛸 수 있는 자격은 (1) 다이렉트 억셉턴스(Direct acceptance) (2) 예선통과자(qualifier) (3) 와일드 카드(Wild card) 등으로 나눌 수 있다.
- **윔블던(Wimbledon)** 영국 런던 근교의 워플 로드에 위치한 테니스장에서 열리는 세계에서 가장 오래된 테니스 대회
- **어드밴티지 세트(Advantage Set)** 6 게임스 올(6 games all)에서 타이브 레이크 게임을 적용하지 않고 한 세트가 두 게임 차로 벌어져 세트승부가 날 때까지 계속하는 세트.
- **엔드체인지(end change)** 치른 게임 수의 합이 1, 3, 5, 7, 9 … 등으로 될 때 양쪽 선수/팀이 서로 자리를 교환하는 것. 흔히들 코트체인지 또는 사이드체인지라고 말하는 경우가 많은데, 이것은 잘못 표현하는 것임.
- **웰 레트(Well let)** 복식에서 파트너에게 "잘 쳤다"고 치하하는 영어 표현. 미국에서는 웰 차지드(Well charged) 라는 말을 더 많이 사용한다.
- **웨스턴 그립(Western grip)** 라켓을 잡는 방법의 하나. 라켓면을 지면과 평행으로 하여 그것을 위로부터 쥐는 것인데 미국 서부지역에서 많이 사용했다고 해서 웨스턴이란 이름이 붙었다.
- **월드 그룹(World group)** 데이비스 컵 경기의 결승 토너먼트. 월드그룹에서는 해마다 각 예선지역에서의 우승국 4팀과 전년도 이 그룹에서 12강 등 세계 16강이 토너먼트식으로 대전하여 그 해의 챔피언을 정한다. 그런데 이 그룹 16강중 1회전에서 탈락한 8개국끼리 별도의 패자전을 벌여 승리한 나라는 다음해에도 월드그룹에 잔류하며 패전국은 지역예선으로 내려가야 한다.

- **웜업(warm up)** 경기 전 몸을 풀어주는 행위.
- **유효타(Good)** good을 보다 자세히 설명하면 '경기구역 안에 들어간 인플레이 상태의 볼(웹스터 스포츠 용어사전)'을 뜻한다. 라인 위에 떨어진 볼은 그 일부가 라인에 걸렸지만 good이다.
- **이스턴 그립(Eastern grip)** 라켓을 쥐는 방법의 하나. 라켓면을 땅에 직각으로 세우고 그것을 오른쪽 위에서 쥐는 형.
- **이븐 게임(Even game)** 이븐(even)은 '대등한, 균형잡힌'의 뜻. 이븐 게임은 두 선수의 경기 내용이 엇비슷할 때를 말한다.
- **인(In)** 테니스에서 in은 "the ball in the court(볼이 코트 영역 안으로 들어와 있다)"를 의미한다. 달리 말하면 'good(유효타)'이다.
- **인플레이(in play)** 플레이 중인 상태.
- **임팩트(Impact)** 볼이 타면에 충돌했다가 다시 튀기는 순간을 impact라고 한다.
- **자책(unforced error)** 상대방의 뛰어난 기술에 의해서가 아니고 순전히 자신의 잘못에 의해 저질러진 실수. 상대의 unforced error로 얻은 포인트를 unearned point라고 한다.
- **잔디 코트(Grass court)** 잔디 코트는 공이 빠르고 바운드가 적어 전형적인 서브 앤 발리어에게 적합하다. 현재 잔디코트에서 열리는 그랜드 슬램 대회는 윔블던이다.
- **점프 스매시(Jump smash)** 뛰어 오르면서 강하게 내리치는 타구법
- **제1발리(First volley)** 발리는 통산 네트 근방에서 이루어진다. 그런데 서브를 하고 네트로 달려가는 도중 상대의 리턴을 어쩔 수 없이 발리로 처리하거나 의도적으로 네트에 접근하려고 발리를 하는 수가 있다. 그것이 바로 제1발리이다. 제1발리는 결국 '연결용' 샷이고, 득점을 위해 네트 근처에서 공격적으로 구사하는 것은 제2발리(Second volley)이다.
- **제1서브(First serve)** 서브는 1구를 실패해도 다시 한번 시도할 수 있다. 이 첫번째 서브가 제1서브(First serve)이며 두번째 서브는 제2서브(Second serve)라고 한다.
- **주니어(Junior)** 주니어는 '주니어의 국제 서키트 참가 규제', '주니어의 조로 증세' 등 테니스계를 떠들썩하게 만들었던 용어이다.
- **주심(Chair Umpire)** 심판에 올라앉아 스코어를 부르는 심판.
- **진동흡수장치(vibration damping device)** 볼이 라켓 스트링에 타구될 때 그 충격으로 인한 진동을 흡수하는 조그마한 고무 질 부착물.
- **챔피언 네이션(Champion nation)** 데이비스컵 보유국. 데이비스컵 대회에선 경기에 참가할 수 있는 자격을 갖춘 모든 나라를 nations, 경기 개최국을 home nation, 방문국을 visiting nation, 국

가대항경기를 tie, 단식과 복식을 각각 contest라고 부른다.

- **챔피언십(Championship)** 특정 지역, 조직, 계층 등의 넘버원을 결정하기 위한 대회(경기), 또는 그 대회에 걸린 타이틀. 통상 선수권대회라고 한다.
- **챌린지(Challenge)** 도전이라는 뜻. challenge round는 전년도 챔피언에게 도전하는 것이고 challenge cup은 우승자(팀)에게 영구히 주지 않고 다음 대회 때 반환을 받는 컵을 말한다. 또한 호크아이를 신청할 때 챌린지를 신청한다고 한다.
- **초크(Choke)** 두려움이나 심한 신경질 때문에 위험한 상황에서 서투른 플레이를 하는 것.
- **춉 스트로크(Chop stroke)** 불규칙 바운드 타구를 만들기 위해 볼을 대각선 방향 아래쪽으로 꺾어 치는 것.
- **칩(Chip)** 하향(High-to-low) 스윙으로 라켓을 앞으로 짧게 움직여 공의 아래쪽 뒷면에 언더스핀을 거는 것. 혹은 그런 식으로 치는 샷이나 그런 샷을 치는 것을 뜻한다.
- **캐논 볼(Cannon ball)** 몹시 강하고 빠른 서비스볼. 원래는 포탄을 뜻한다.
- **캐리(Carry)** 더블 힛(Double hit)과 같은 말이며 라켓에 볼이 2번 닿는 것을 가리킨다. 이런 경우 1포인트를 잃게 된다.
- **커렉션(Correction)** 엄파이어가 카운트를 잘못 했을 때 정정하는 심판 용어
- **커티시(Courtesy)** 스퀘어 댄스(Square dance)에 있어서의 여자의 인사. 오른발을 한걸음 옆으로 내밀고 왼발을 오른발에 끌어가면서 뒤로 밀어 체중을 왼발에 두고 상대와 인사를 교환한 다음에 오른발을 뒤로 당겨서는 동작이다. 윔블던 여자 단식 우승자와 준우승자가 시상식에서 하는 인사법이다.
- **컨솔레이션(Consolation)** 스포츠에선 consolation match, 즉, 패자전의 뜻으로 많이 쓰인다.
- **콤비네이션(Combination)** 복식 파트너 사이의 협력과 유대관계
- **콘티넨탈 그립(Continental grip)** 라켓을 쥐는 방법의 하나. 라켓면이 코트면에 수직이 되도록 세워 쥐는 것. 영국에서 발달된 기법이라고 해서 잉글리쉬 그립(English grip)이라도 부른다.
- **컷(Cut)** 임팩트 순간 라켓을 위해서 아래로 기울려 역회전을 거는 것. 스포츠 사전에는 '크게 사이드 스핀 또는 백스핀이 걸린 샷'으로 설명하고 있다. cut은 또한 토너먼트의 중간 단계에서 출전자의 일부를 '잘라낸다'는 의미로도 쓰인다.
- **컷 오프 더 앵글(Cut off the angle)** 상대편이 날린 크로스 코트 샷의 각도가 더 깊고 넓어지기 전에 빨리 앞으로 움직이면서 발리를 하는 것.
- **코드(Cord)** 또는 금속 케이블(Metal cable) 네트 상단의 금속 줄.

- **코스(Course)** 볼이 비행하는 방향이나 각도
- **코트(Court)** 지면을 장방형으로 구분지어 놓은 스포츠 경기 구역.
- **콜(Call)** 경기 진행을 위해 심판이 내리는 선고. call의 의미는 '크고 분명하게 무엇인가를 말하다'이다. 보통 '아웃(out)', '폴트(fault)'는 라인즈맨이, '레트(let)', '쓰루(through)', '낫업(not up)' 등은 네트 엄파이어가 그리고 '풋폴트(foot fault)'는 베이스 라인즈맨이 콜한다. 그런데 경기의 관리 책임자인 주심(chair umpire)은 경기 진행에 관한 모든 것을 콜할 수 있는데 이런 경우 주심의 콜을 엄파이어 콜(Umpire call)이라 부른다.
- **클로즈드 스탠스(Closed stance)** 스트로크의 자세 중 하나
- **크로스 코트(Cross court)** 한쪽 코트(코트 사이드)에서 네트를 대각선 방향으로 넘어 반대 코트의 코너나 사이드에 떨어지는 샷을 크로스 코트 샷이라고 한다. 그러므로 '볼을 크로스로 쳐라'는 표현은 그릇된 것이고 항상 '크로스 코트 샷을 쳐라'가 맞는 표현이다.
- **타이브레이크 게임(Tie-Break Game)** 6 게임스 올 (6 games all)이 되었을 경우, 한 게임으로 세트 승부를 결정하는 게임으로서 7 포인트 이기는 것으로 하는 방법과 10 포인트 이기는 것으로 하는 방법의 두 종류가 있다. 주로 7 포인트 먼저 이기는 방법을 많이 적용한다. 물론 포인트 스코어가 6 올 이 될 경우엔 듀스로서 두 포인트 차가 날 때가지 계속한다.
- **타이브레이크 세트(Tie-Break Set)** 6 게임스 올에서 타이브레이크 게 임을 적용하는 세트.
- **탠덤 대형(Tandem Formation)** 복식에서 같은 편의 두 선수가 세로로 한 줄로 서는 대형. 서비스 팀이 취하는 변형 대형인데 리버스(reserve) 포메이션이라고도 한다.
- **터틀(Turtle)** 코트 구석으로 볼이 왔는데도 달려가지 않는 게으른 플레이어.
- **테니스 엘보(Tennis elbow)** 과도한 스트레스로 인해 팔꿈치에 염증이 생기거나 근육 손상으로 심한 통증이 수반되는 병.
- **텐션(Tension)** 라켓의 스트링스를 잡아 당기는 힘. 단위는 파운드(lbs).
- **톱스핀(Top spin)** 볼의 진행방향으로 회전을 주는 타구 방법으로 바운드 후 높게 튀어 오른다.
- **트랩 샷(Trap shot)** 상대방의 실수를 유도하는 작전성 타구.
- **테이크 백(Take back)** 볼을 치기 위해 라켓을 뒤로 빼는 것. backswing의 동의어이다.
- **토스(Toss)** 두 가지 뜻이 있는데, 하나는 시합 전 서버/리시버, 엔드의 선택, 또는 상에 결정권을 주는 것을 정하는 행위이며, 다른 하나는 서비스를 넣기 위해 볼을 위로 던져 올리는 동작.
- **톱헤비(Top heavy)** 테니스 라켓은 밸런스에 따라 라켓 헤드부가 무거운 톱헤비(Top heavy), 중심부에 무게 중심이 있는 이븐(Even), 그리고 그립부가 무겁고 헤드부가 가벼운 톱라이트(Top

light)의 3가지로 나눌 수 있다.

- **파이널 세트(Final Set)** 마지막 세트. 즉 3 세트매치에서는 1 세트 올이 될 경우 세 번째 세트, 5 세트매치에서는 2 세트 올이 될 경우 다섯 번째의 세트.
- **패싱 샷(Passing shot)** 패싱샷은 네트 플레이를 하려고 접근하는(드물게는 드롭샷 따위로 유인된) 상대의 라켓이 닿지 않는 곳을 노려서 공격 득점하는 타구이다.
- **페더레이션 컵(Federation cup)** 1963년부터 국제 테니스 연맹(ITF, 당시는 ILTF)이 주최해 오고 있는 세계 여자 국가대항전
- **패널티(Penalty)** 국제 남자 프로 테니스평의회(MIPTC)는 제반 경기규칙, 경기 질서, 스포츠맨쉽, 코트매너에 어긋나는 행위에 대해 벌칙(penalty)를 부과하기 위해 '포인트 패널티 시스템'이란 제도를 만들었다. 주로 문제가 되는 것은 (1) 규칙이나 도덕에 반하여 경기를 지연시키는 행위(30초 룰의 위반, 부상이나 항의 등으로 심판의 지시에 따르지 않는 경우) (2) 인간으로서 수치스럽고 반윤리적인 행위(볼을 코트 밖으로 쳐내거나 라켓을 던지는 행위)로서 위반에 대해서는 첫번째=경고, 두번째=1포인트, 세번째=실격의 순으로 패널티가 매겨진다. 이밖에 경기 개시의 지각에 대해서도 벌칙이 있고, 경기가 콜된 때부터, '15분 이내에 집합하지 않은 경우에 플레이어는 실격한다'는 규정도 있다.
- **폴트(Fault)** '서비스 코트에 제대로 들어가지 않거나 합법적으로 서브되지 않은 서비스 볼'을 의미한다. 폴트가 1번 일어나면 서브를 1번 더 할 수 있으나 2구 연속 폴트가 되면 '더블 폴트(double fault)'라고 해서 서브측의 실점이 된다. 또 서브 동작에 들어간 후 발의 위치를 바꾸거나 베이스라인, 센터 마크 등을 밟든지 센터 마크와 사이드라인 가상 연장선에서 벗어난 경우는 특히 '풋 폴트(foot fault)'라고 부른다.
- **풀세트(Full set)** 테니스 경기 규칙 제28조에는 세트 수의 한도라는 규정이 있는데 "1경기의 세트수의 한도는 5세트이고 여자가 참가하는 경우는 3세트로 한다"고 설명이 돼 있다. 남자라면 5세트, 여자라면 3세트까지 경기했을 때 '풀세트' 경기를 한 것이 된다.
- **포스트(Post)** 네트를 붙들어 매기 위하여 나무나 금속으로 만들어 세운 막대기.
- **팔로우 드로(Follow through)** 임팩트 후 라켓의 운동을 계속 유지하는 것.
- **풋워크(Footwork)** 몸의 균형을 잃지 않고 볼을 치기 위한 최적의 장소로 발을 옮기는 것.
- **포워드 스윙(Forward swing)** 라켓을 임팩트 하기 위해 앞으로 휘두르는 동작.
- **포인트(Point)** 경기를 구성하는 스코어(Score)의 최소단위.
- **포치(Poach)** 복식경기에서 네트에 근접해 있는 사람이 원래라면 자신의 파트너가 뒤에서 다루어야 할 볼을 옆으로 뛰어나와 가로채면서 발리로 리턴하는 것을 포치라고 한다.

- **포커 페이스(Poker face)** 무표정한 얼굴, 마음의 동요를 표정에 나타내지 않는 사람의 얼굴을 poker face라고 부른다.
- **포핸드(Forehand)** 오른손잡이(왼손잡이)가 자기 몸 오른쪽(왼쪽)의 공을 처리하려고 사용하는 타법, 혹은 스트로크.
- **프랑스 오픈(French open)** 프랑스 롤랑가 코트에서 개최되는 그랜드슬램 대회.
- **프레임(Frame)** 라켓의 타격면을 구성하는 줄(Strings)을 지탱하는 바깥틀 부분.
- **플랫(Flat)** 테니스에선 라켓의 스윙 궤도와 타구의 진행방향이 모두 수평인 것을 뜻한다. 플랫볼은 스핀(spin)이 대단히 적게 걸리기 때문에 스피드가 있지만 탄력성이 작아 네트에 걸리기 쉽고 또 타구가 좀처럼 하강하지 않아 아웃되기 쉬운 약점도 가지고 있다.
- **플레이스먼트(Placement)** 그라운드 스트로크의 랠리 중에 상대편 코트의 빈 곳으로 보낸 타구.
- **플루크(Fluke)** '어쩌다 들어맞음(요행), 이길 수 없는 상대를 이기는 것'이 플루크이다.
- **하드 럭(Hard luck)** '배드 럭(Bad luck)'과 같은 뜻으로 상대방의 멋진 샷이 아깝게 아웃됐을 때 쓰는 표현이다.
- **하버드 스텝(Harvard step)** 테스트 발판 승강 운동 후의 심박수로 전신지구력을 평가하는 테스트.
- **하이 발리(High volley)** 어깨보다 높은 위치에서 때리는 발리
- **하프 발리(Half volley)** 땅에 닿은 직후 튀어 오르기 시작하는 볼을 지면에 스칠 듯 말 듯한 높이로 치는 것 또는 그 타구.
- **헤드(Head)** 라켓줄이 끼워진 둥근 부분.
- **헬륨 볼(Helium ball)** 공중에 높이 떴다가 베이스라인 부근에 떨어지는 샷.
- **화장실(Toilet)/복장교환 브레이크(Treak)** 경기 중 선수의 화장실 사용 시간 내지 옷을 갈아입을 수 있는 시간.
- **혼합복식(Mixed doubles)** 남자와 여자가 팀을 이루어 대전하는 복식.
- **호주오픈(Austrailian open)** 호주에서 열리는 그랜드슬램대회.
- **호프(Hope)** 우리나라에선 전도유망한 신인이나 어느 대회의 유력 우승 후보자를 가리켜 '호프'라는 표현을 쓴다.
- **확률 테니스(Percentage tennis)** 타구나 경기의 확률을 계산해서 하는 깊이 있는 테니스.
- **홀드(Hold) ↔ 브레이크(Break)** 서버가 자기의 서비스 게임을 승리하는 것. 거꾸로 리시버가 상대의 서비스 게임에서 이기는 경우는 break를 사용한다.

참고문헌

가미야, 가쓰노리. 김수연, 김석환 옮김. 뉴 테니스 교본. 삼호미디어, 2012.
김갑선. 테니스 길라잡이. 전남대학교출판부, 2003.
대한테니스협회. 테니스 룰. http://www.kortennis.co.kr/
미국테니스협회. 테니스 부상예방법과 전문훈련법. 대한미디어, 2004.
미디어윌 M&B 편집부. Tennis korea. 미디어윌, 2018.
서성혁. 쉽게 배우는 테니스 강의. 형설출판사, 2012.
월간 테니스코리아. 기초에서 고급테크닉까지. 삼영인쇄, 1994.
월간 테니스코리아. 서브. 삼영인쇄, 1997.
월간 테니스코리아. 상급자로 가는 테니스 핵심 테크닉. 미디어윌, 2011.
월간 테니스코리아. 승률 100% 보장하는 현대테니스 복식기술. 미디어윌, 2010.
월간 테니스코리아. 톱플레이어의 테니스 테크닉. 미디어윌, 2009.
월간 테니스코리아. 포핸드. 삼영인쇄, 1994.
월간 테니스코리아. 초중급자를 위한 복식의 전술과 전략. 정문사, 2000.
임광철, 고낙원, 박승화. 쉽게 배우는 테니스. 보경문화사, 1994.
재단법인 스포츠안전재단. 스포츠 부상. 대한미디어, 2013.
조국래 역. 챔피언 테니스. 대한미디어, 2004.
한국초등테니스연맹. 테니스 용어. http://www.ketf.com/
현대레저연구회. 정통 테니스. 태을출판사, 2010.
Nick Bollettieri. Bollettieri's Tennis Handbook. Human Kinetics, 2001.
Rob Antoun. Winning Tennis. A Firefly Book, 2013.
United States Tennis Association. Tennis Tactics. 1996.
http://www.ehow.com/list_6718020_tennis-rules-challenges.html
http://en.wikipedia.org/wiki/Hawk-Eye#cite_note-6
http://www.tennismindgame.com/one-or-two-handed-backhand.html
http://www.wikipedia.org/list of Grand Slam Singles Champions by Year
http://www.tennis.com/your-game/2014/...two-handed-backhand/46483
https://search.yahoo.com/search?p=tennis+injuries&fr=yfp-t-s&fp=1&toggle=1&cop=mss&ei=UTF-8
https://mightygoods.com/tennis-court/

https://blog.naver.com/b5623695/140052823243

http://www.itftennis.com/home.aspx

https://blog.naver.com/ongojib/20012999540

https://blog.naver.com/zzangiya88/220870981345

http://www.indoweb.org/love/bbs/board.php?bo_table=alatte_begin&wr_id=202